論文・小論文の書き方

パラグラフ構造による
論理的な段落づくり

最上心瑛

まえがき

　最初に、パラグラフと段落は異なるものであることを明示する。本書では、論文の書き方に関して、パラグラフ構造による論理的な段落づくりを解説する。

　（A序論）

　論文・小論文は、言語技術パラグラフの基本型に置き換え、パラグラフ構造で論理的な段落をつくり、引用方法を理解して書くことが重要である。論文には、小論文及び学術論文（大学卒業論文・大学院論文・研究者論文など）があり、これらに共通した書き方がある。論文の内容は、序論、本論、結論と大別し、段落において一つのテーマで順序通りに書くことにあり、段落を複数にすることで発展させる。重要なことは、段落の構造である、英語アカデミック・ライティングを活用した国際的言語技術パラグラフを理解することである。本書は大学における論文作成が中心ではあるものの、現在では大学入試で小論文を課す時代であることから、高校から大学に接続することにも配慮した。併せて、論文における引用方法については、著作権法に規定されている引用を理解することである。学術論文・小論文を書くにあたっての重要なキーワードは、学術論文、説明的なプレゼンテーション、パラグラフ、引用、著作権法及び参考図書の記述、となる。

　（B本論／①学術論文）

　最初に、学術論文の作成においては、学術性を理解し、信頼される論文となるよう意識して書くことにある。特に、学術性が求められることから、先行研究の調査を通して学術論文などを調べたり、外国文献にあたったりすることで、同じような視点や論がない世界唯一の論文となることを確認する。また、信頼される論文とするためには、文献内容を検

討し、論理展開に矛盾はないことに注意が必要となる。論文は、学術性のある信頼される内容及び論理的な論文でなければならない。

（B本論／②説明的なプレゼンテーション）

二番目に、説明的なプレゼンテーション流の構造とは、文章を順序立てて構造化し、視覚化して書くことによって、聞き手・読み手に徐々に分かりやすく理解できるよう説明する技術のことである。説明する・書くための基本である、文章のプレゼンテーション流の書き方は、英語アカデミック・ライティングを活用し、段落内の文章や段落間を接続語でつなげることにある。言語技術を活用し説明能力を高めるためには、パラグラフを理解し、段落の論理的な構造を理解する必要がある。説明する・書くには、説明的なプレゼンテーション技術が重要となる。

（B本論／③パラグラフ）

三番目に、国際的言語技術であるパラグラフを通して、世界に通用する論文を書くことである。パラグラフを活用するためには、パラグラフの基本構造を理解することである。段落内の書き方のポイントは、トップダウンの書き方を行い、結論が先ということを常に認識することにある。この点が日本語の段落の考え方と異なる。パラグラフの基本となる型は、トピック文（主題文）、サポート文（支持文）、結論文に分解して連ねたフロアー階層構造となる。その中の支持文は、詳細な情報を細分化してクラスター房状で構成する、と定義する。これが書く技術の法則であるプレゼンテーション表現及びパラグラフの基本となる。論文は、言語技術として国際的に通用するパラグラフの構造に基づき、項目を立て文章化することからスタートする。

（B本論／④引用）

付随して重要となる引用に関しては、論文に活用できる必要な行為であり、適法性に基づき、引用元のオリジナリティの維持などが求められる。引用の適法性については、著作権法に適しているかについて、明瞭区分性、主従関係、公正な慣行などを理解し正しく引用することである。

特に学術論文では、引用の概要を理解しなければならない。また、引用の一手法として、間接引用をより分かりやすくするため自分のことばで記述することも必要となる。著作権法に則った引用の仕方を理解することでもある。

（Ｂ本論／⑤著作権法）

研究における引用は、先人の業績や研究に目を通し、必要に応じて巨人である先人の力を借りて、研究内容を補強する手段である。引用することとは、先人の研究に敬意を払いつつ、公正な慣行に基づいて研究内容を補強することである。著作権法における引用の必要性や正当な引用範囲についても触れる。論文を書くには、引用とともに著作権法を概観し、法に規定されている内容を知ることから始めることとなる。

（Ｂ本論／⑥参考図書の記述）

参考図書の記述では、出典の明示、文献表記が求められる。出典の明示では、引用文や文献情報の記述が必要になる。文献表記の方法は、書籍の表記、大学や学会による独自の表記が様々に規定されている。インターネット情報におけるURLなどの情報も明記することとなっている。参考図書の記述では第三者が確認できるよう、分かりやすい記述を心がけることである。

（Ｃ結論）

論文・小論文は共通した書き方であるため、パラグラフの論理的な構造を理解することが必要である。学術論文を書くためには、国際的言語技術パラグラフの構造や引用方法を理解することである。また、論理的な段落づくりができるようにするためには、学校教育での論文指導が急務となる。論文・小論文を書くには、パラグラフの構造の理解が最も重要となる。

令和４年（2022年）９月　著者

本書の出版にあたって

　論文の書き方に関する指導方法の一環として、順序を追って学べるよう、初級編に続けて「パラグラフの構造と段落づくり」にテーマを分けた経緯がある。本書は、大学卒業論文、大学院論文、研究者論文を中心とした学術論文を書く人を主な対象に、日本の段落の考え方とは異なる国際的言語技術であるパラグラフ構造の段落づくりを解説する。

　パラグラフの構造である、段落内の論文構造の考え方については、大学入試小論文にも共通している。また、大学論文に関しては、必須である引用方法及び著作権法の理解、参考図書の具体的な記述の仕方についても触れた。

　拙著である初級編（『能力を最大限に発揮できる独学による論文の書き方』）では、大学生として必要な論文書きの基礎・基本について理解することができる。その後、論文に書き慣れた段階で、さらに上級を目指す大学生・大学院生・研究者は、学術論文として国際的に通用する言語技術パラグラフを学ぶことが必要である。また、論文・小論文に共通の段落構造の基本型を高校から学んでおくことも有意義である。今や小論文対策として、高校からパラグラフの構造を知る時代ともなっている。

　論文をより良いものとするためには、パラグラフとしての段落内の構造の考え方を理解し、一つのテーマで書かれた段落をいくつかつくることである。

　本書が、専門性の高い学術論文を書く人、高校で小論文を書く人にとって、論文書きの一助となれば本望である。

　最後に、ご協力をいただいた、英語・国語等教員、博士課程学生、司書の皆様に感謝を述べたい。

著者

目　次

序章　概要　論文・小論文の書き方

【キーワード】学術論文、説明的なプレゼンテーション、パラグラフ、引用、著作権法、参考図書の記述

　論文書きの応用・発展である上級編（大学生卒業論文、大学院生論文、研究者論文など）として、学術論文を書くための論理的な段落づくりの構造などを中心に、国際的言語技術を活用して論文構造の完成を目指す形で述べることとする。ここでは、①学術論文の作成、②説明する・書くための説明的プレゼンテーション、③段落の構造としての言語技術パラグラフの解説、④引用・著作権法の理解、⑤学術論文の実際、⑥参考図書の記述、について表記した。

＜第１章＞　学術論文の作成
＜第２章＞　パラグラフの解説１　－パラグラフの基本－
＜第３章＞　パラグラフの解説２　－パラグラフの構造と種類－
＜第４章＞　パラグラフの解説３　－パラグラフの実際－
＜第５章＞　引用・著作権法の理解
＜第６章＞　学術論文の実際
＜第７章＞　参考図書の記述

　大学生対象の論文の書き方に関する基礎的・基本的な知識は、初級編で着眼点を分かりやすく述べてきた。レポートと論文の書き方は異なることにも触れた。レポートの書き方は、文献の内容を要約し、それに自身の意見や感想を述べるのに対して、論文の書き方とは、すでにある文献よりも新しい内容を論理的に展開し、研究の業績を書き記すことにある。自身の書いた論文のテーマ・内容が世界に一つだけであることに誇りをもってほしい。

本書の作成では、論文書きに関する名著にあたり、参考図書として提示し、また、数多く引用されているパラグラフに関する原書にあたった。読者が改めて原書を手に取って十分に参考となるよう参考図書の記述に配慮した。

　近年、大学入学者選抜では、AOや推薦の割合としても増えてきている。また、一般入試においても、小論文を課す大学の割合は多い。小論文試験の内容は、課題論述、文章読解などがあり、字数は約1000字程度である。与えられた課題に正対するよう自身の考えをパラグラフで構造化して読み手に分かるように伝えることが重要となる。

　学術論文につながるパラグラフ構造による段落づくりの考え方は、国際的言語技術として国際社会で必須な内容である。高校の大学入試の段階から論文書きの構造を意識することによって、共通した書き方をする学術論文に接続が容易になると期待できる。

Tea Time　一覧

第1章　学術論文の作成

【キーワード】学術論文、研究論文といえない、論文の学術性

　　研究論文や学術雑誌に掲載される学術論文とは、話題となるテーマに関する自身の発見と、それらの発見の判断、解釈及び評価をまとめたものである。また、研究に対する独創性を示す作品でもある。
　　ここでは、研究論文について、テーマの設定、さらに読み手にとって段階的に理解ができる論文にするための考え方などについて解説する。

Ⅰ　学術論文

　学術性を考える上で、「学術論文ではないもの」が定義されていると分かりやすい。日本の学者が「アメリカのある学者の説を借用（中略）研究論文といえないのは次のようなもの」1) pp.7-8　と紹介している。

「研究論文といえないのは次のようなもの」
1　一冊の書物や、一篇の論文を要約したものは研究論文ではない
2　他人の説を無批判に繰り返したものは研究論文ではない
3　引用を並べただけでは研究論文ではない
4　証拠立てられない私見だけでは論文にならない
5　他人の業績を無断で使ったものは剽窃であって研究論文ではない

1)（1977年第1版）pp.7-8 (2006)

翻訳された原典となる書籍『THE RESEARCH PAPER form and content』2) pp.8-10　の内容を項目のみ紹介しておく。

WHAT A RESEARCH PAPER IS NOT

1. A summary of an article or a book is not a research paper.
2. The ideas of others repeated uncritically do not make a research paper.
3. A group of quotations, no matter how skillfully put together, is not a research paper.
4. Unsubstantiated personal opinion does not constitute a research paper.
5. Copying another person's work without acknowledging it, whether the work is published or unpublished, professional or amateur, is not research; it is plagiarism.

2) pp.8-10 (1966)

原典となるこの考え方は、日本の論文の書き方に関する多くの書籍に反映されている。

◀ II　論文の学術性

　学術論文の作成にあたっては、〝品質〟の良いものとすることが望まれる。〝品質〟とは、学術性の高さ、守るべき形式が守られていることである。品質の高い学術論文は、「学術雑誌に掲載されるような論文、(中略)大学教員や研究者が作成する論文」3) p.i　となり、その次に続くのが博士論文や修士論文としての学位論文、大学卒業論文となることはいうまでもない。

　論文の学術性について触れる。大学では教育基本法第７条により、深

く真理を探究して新たな知見を創造する学術性が求められる。学術論文とは、大学卒業論文、大学院修士論文、博士論文などと定義をした上で、「学術論文の型に唯一の絶対的な決まりがあるわけではありません」1) p.v　内容重視であることは当然のことである。しかし、学界には独自の慣行としての論文の書き方に関するきまりがあり、そのような約束を無視して書くことはできないこととなっている。

　学術論文の「型」は、学問分野で異なる。理系では「型」が貫かれているのに対して、社会科学系では、「共通の『型』というのは明らかではない」3) p.ii　との説もある。

　しかし、学術性に関するポイントの主なものとして共通することは、「外国文献を正しく読みこなす。文献の内容を正確に理解する。論理展開に矛盾はない」4) pp.33-34　ことで、①外国文献にあたる、②文献内容を検討する、③論理展開に矛盾のないように書く、ことによって世界唯一の論文に仕上げることができる。

◀ III　信頼される論文

　論文は他者から信頼されるものでなければならないことは当然である。そのため、先人の研究成果を尊重する姿勢が大事である。研究は、独創性（オリジナリティ）が求められる。しかし一方で自身の意見だけではなく、客観性や研究成果を訴える訴求力が必要となる。それは妥当性や説得力につながる。また、研究倫理上からも「先行研究や関連資料を踏まえつつ、自分の言葉と他の人の言葉を区別する」5) p.6　ことが大切である。

　また、科学の発展は、先人の成果の上に成り立っていることを尊重する姿勢が大前提にある。「その上に自らが追加し得た新規性が研究成果の価値を決める」6) p.6　こととなる。

Ⅳ　論文のテーマの設定及び構成

　論文のテーマを設定するには、大きな一般的なテーマを選び全体を見渡した中で、下書きを2000字程度で書いてみることである。その上で、テーマを絞り込み、徐々に狭めていくことになる。字数を段階的に減じ、2000字→1000→500→200→50→20字とすることで、最後に残ったキーワードがテーマとしての主題、副題の候補となる。さらに絞り込み、深く研究して結果をまとめる。要するに広く見渡し、一点について深く掘り下げる「T字型」に主眼を置くことが重要である。

　また、論文の構成については、次のことを心得ることが大切である。

- 全体の構想を練って、キーワード5、6個を考え抜き出す。
- 「まえがき」では、キーワードの全てに関連付けて解説する。
- キーワードの重要度の軽重から、大・中・小項目の中でさらに関連するキーワードを散らし、その後に文章化する。
- 文章を一つのトピックごとに書くという、「パラグラフ」としての書き方の手法を理解する。（パラグラフについては2章で説明する。）
- 段落となる各パラグラフの先頭行には、トピック文としてキーワードを位置付けて、段落ごとに何のテーマ（話題）について書こうとしているのかを瞬時に伝える。
- 日本式を通す場合、ナンバリングを活用し、Ⅰ、1、(1)などとして項目立てし、どこのパラグラフからでも読み進めることができるようにすれば、どの内容からでも簡単に拾い読みをすることができる。
- 「あとがき」では、まえがきの内容全体に照らし、パラグラフを通して「まえがき」に対応した結果としてまとめを述べる。

第2章　パラグラフの解説1
−パラグラフの基本−

【キーワード】パラグラフの基本構造、言語技術、説得法、文章構成法、トピック文（主題文）、サポート文（支持文）、結論文、情報、日本語の段落との違い、パラグラフのルーツ、問題設定能力、課題解決能力

　情報を整理して提示し、理解を得られるような考え方に基づく段落づくりを、「パラグラフ」と呼び、パターン化された思考の最小単位となる。パラグラフは、一つの似た性質の情報を示すブロック単位となって段落を構成する。パラグラフの構造に沿って書くことが、論理的に説得する国際的言語技術としての書き方となる。

　パラグラフは、「同じ性質の情報を連続して書く」7) p.6　ことが前提にある。これは英米流説得法といわれている。ここでは、パラグラフの基本について理解する。

　パラグラフの基本構造を視覚化した上で、例文として「パラグラフの項目例」及び「パラグラフの文章例」をいくつか示す。それにより、パラグラフの構造の基本中の基本を理解することができる。

I　文章の構成法であるパラグラフ

　説明する・書くことに関して、論理的に説得する言語技術が求められている。そのための手法がパラグラフという言語技術である。現代における言語技術は、世界の動向となりつつあり文章をどのように構成するかなど、幾つかの要素を組み立てて一つの段落として作り上げる技術である。文章を作るには、パラグラフの考え方を活用して一貫した思考過

程の元で構成することが必要である。

　パラグラフは、英米、欧米流ともいわれる考え方で、いくつかの文を構成する技術である。その構造はパターン化され明瞭かつ簡潔であり、読み手に負担なく段階的に分かるように書くことから説得法ともいわれる。また、一部をたどるだけで全体像が見えてくる書き方でもある。重要な点を三つ述べることとする。

1　トップダウン構造

　大学で求められる論文の書き方は、フォーマルの手順を踏んで、起承転結の結論を先に述べることである。この説得の基本がパラグラフである。

　結論を先に書くことは、読み手の負担を減らすことにもつながる。現代の英語流アカデミック・ライティングのプレゼンテーションを学ぶことで、論文をパラグラフの構造で書くことができる。発表で求められるプレゼンテーションの基本構造もパラグラフと同様、トップダウン構造で、結論が先で要点を先に述べることにある。レストランのメニューのようなものでもある。トピックは先に書き、サポート的な内容はその後に書く。このように書くことによって分かりやすくなる。「起承転結」のような回りくどい表現は、最後まで聞かないと分かりにくく改めていく必要がある。読み手の立場に立ち、明瞭、簡潔、読み手の負担軽減に加え、一部の記述だけで分かるように書くことが必要となる。

　また、パラグラフによって段落が一区切りとなるよう、文章を組立てることが大事である。英米流の文章を構成するための説得法とは、パラグラフを書くことにある。大学では、アカデミック・ライティングで書くよう指導され、それが論文試験の論述や卒業論文へとつながるようになる。この方法によることで、日本語で書く場合においても多くの場面で活用できる。

2　パラグラフの基本構造

　前述のとおりパラグラフとは、結論を早い段階で示すことにより、読み手が時間の経過とともに情報を整理しながら徐々に理解できるような文章の構造である。パラグラフの原型は、トピック文（主題文）、サポート文（支持文）、結論文の階層で構成される。

《パラグラフの原型》　8) p.102

```
Topic Sentence
  A Support
  B Support
  C Support
Concluding Sentence
```

　パラグラフの基本構造は次のような形として区切って整理する。

トピック文（主題文）	（一文／総論）
サポート文A（支持文A） サポート文B（支持文B） サポート文C（支持文C）	（複数／要約文）
結論文（むすび）	（まとめ）

⑴　トピック文では、総論として要点を述べ、サポート文A、B、Cのキーワードに触れる。

⑵　その後のサポート文では、補足情報として、キーワードA、B、Cの各論を展開させる。支持文として一つの話題Aについて要約文を書き、さらにAの下位レベルの情報を展開する。B、Cも同様である。

⑶　最後の結論文では、むすびとして全体をまとめる。省略してもよい。

3 主題文、支持文、結論文の構造

　パラグラフで書かれた文を構造的に整理する。まずトピック文（主題文）では、総論概説として要点を短く表現する。この中に、トピック文を具体的に支持するための論拠を述べることとなる。次にサポート文（支持文）A、B、Cがあり、トピック文に正対するよう、サポート文A、サポート文B、サポート文Cとする。さらにサポート文Aの要約文を作り、サポート文Aのさらなる詳細な説明をする。サポート文を細分化し、情報a1、情報a2が出てくる。これらが全体としてサポート文Aとなる。続けて、サポート文Bには、情報b1、b2、サポート文Cには、情報c1、c2として同様に書き、最後に結論として、主題文内のキーワードA、B、Cに照らしてまとめる。主題文、支持文、結論文との階層構造に加えて、支持文の房状構成となる。（パラグラフの構造参照p39）また、結論文には新しい情報を入れない。

　構造としてのフォーム例である。

トピック文	主題文		総論概説ＡＢＣ
サポート文Ａ	支持文Ａ＜	情報a1 情報a2	Ａ全体要約文
サポート文Ｂ	支持文Ｂ＜	情報b1 情報b2	Ｂ全体要約文
サポート文Ｃ	支持文Ｃ＜	情報c1 情報c2	Ｃ全体要約文
結論文	むすび		まとめ

　パラグラフの書き方についての要点は、文章の後半で支持文の詳細情報となる項目をつくり、そこで理由等を述べることによって、読み手に理解されやすく書くことができる。

　代表例として、「トンガ噴火による津波の発生」について項目を立ててみる。

18

《パラグラフの項目例》「トンガ噴火による津波発生」

○トピック文／トンガ噴火による津波発生（2022.1.15）
○サポート文Ａ／列島各地で津波が観測された 　　情報a1／トンガの海底火山で発生した大規模噴火 　　情報a2／日本各地で気圧変化が発生
○サポート文Ｂ／空振による津波発生か 　　情報b1／通常の津波ではない 　　情報b2／地球を一周した衝撃波
○結論文／通常の津波とは異なる、空振による津波

　上述の項目を説明したパラグラフは、段落の内容分けが階層によって分解され、支持文の細分化によって構成されている。各パラグラフを、アカデミック・ライティングの手法に沿って項目を立てるという基本型を知れば、考え方は容易である。

Ⅱ　パラグラフとしての文章化

　パラグラフの基本構造が理解できたところで、次にトピック文、サポート文となる項目を一つの段落で文章化することとする。

1　一つの段落での文章化

　パラグラフとは、段落においてテーマを絞ってトピック文（主題文）、各サポート文（支持文）を連続してひとまとめにした文章である。トピック文、サポート文Ａ、詳細情報a1、情報a2をそれぞれ一文ずつにまとめ、一つの段落の中に書く。次は同様にサポート文Ｂを中心に連続した段落内で書く。さらに、サポート文Ｃを中心として書く。最後には結論文を加える。

　構成は、段落ごとの項目に見出しを設けて箇条書きのタイトルや番号

を付けて書くもよし、サポート文A、サポート文B、サポート文Cを一気に書き続けてもよい。前者は、日本式段落に似た書き方でもあり、日本の国が発行する白書などでも用いられている書き方である。また、学会などもこの形となる。しかし、アメリカにおける国の報告書では、段落ごとでのパラグラフの形式となり、複数の段落をまとめた上で見出しが出ていることもある。見出しの有無に関わらず、文章がパラグラフとして構成されていることになる。見出しがそれぞれあれば、文章のみの段落全体を読む負担は軽減される。

　前述の「トンガ噴火による津波発生」の例として、パラグラフの項目例を基に一つの段落において連続した形で文章化してみる。

《パラグラフの文章例》

　トンガ噴火に伴う衝撃波による津波が発生した（2022.1.15）。日本においても列島各地で津波が観測され、トンガの海底火山で発生した大規模噴火に伴う衝撃波で発生した可能性のあることが津波工学専門家の分析で分かった。津波によって日本各地で2ヘクト・パスカル程度の気圧変化が一斉に起きていた。原因は、噴火による衝撃波「空振」により津波が発生したと考えられる。2日後の17日の津波は、海中を伝わる"通常の津波"にはあてはまらず、地球を一周した噴火に伴う衝撃波の影響であった。今回の津波は通常の津波とは異なる、空振による津波であった。

　パラグラフを書く際に、トピック文（主題文）、サポート文（支持文）、結論文を連ねて一つの段落をつくることで、トピック文の中で関係する内容を整理でき、段落内で論じることができるようになる。書き方の基本となる考え方である。さらに深めたい人は、アカデミック・ライティング関連の本を参考にしてほしい。

2　論文テーマの絞り込み

　長文となる論文や卒業論文などで主張する場合は、長文であればあるほど読み手に優しく分かりやすく書かなければならない。

　テーマを絞り込むためには、まずは書きたい内容のキーワードをいくつか列挙し、長文で好きなように書き表す。次に徐々に字数を減じて内容に変化がないよう書き換えていく。それによって関係する内容が整理されポイントや課題が見えてくる。字数をさらに減じて内容を変えずに文章を書き換えることによって、最後に残ったものがキーワードの集まりとなる。これがテーマの主題副題候補としてのキーワード集となる。

　パラグラフの構造を知れば書くことを恐れることはなく、①基本形はパラグラフの構造にあること、②本論のサポート文を分解し、2つ以上のサポート文を書くこと、③さらに詳細情報で細分化すること、に配慮すればよい。

　以上の準備作業から、最後に残ったキーワードを組み合わせて、トピック文のテーマが決まれば、作業の半分は終わったことになる。トピックとなる論文などの見出し、項目を選び、さらに情報を狭めていく。章、節などからトピック文を抜き出し、いくつか関連するサポート文を考えることとなる。

3　留学生必読本

　かつて、留学生必読本で学習し大変参考となった本がある。その内容は、「アカデミック・ライティング」の英文での学びを通してどのように文章をパラグラフとして構成していくか、というものである。この学習の中心は、英作文が主ではなく、文章作りにおけるパラグラフとしての段落内の柱の構造を知ることにある。これは、人前で提示・発表の基本となるプレゼンテーションにつなげるもので、誰もが同じ手法で手軽にできる学習方法である。参考までに外国での留学生対象の必読本を手に取って一読してほしい。（参考図書・資料参照）

文章の書き方についてのパラグラフは、ある種の型を知れば楽になり、フォーマルの手順を学ぶことで、伝えたいことを表現できるようになる。

◀ Ⅲ　説明的なプレゼンテーション

　パラグラフの段落構造を活かして説明することが、説明的なプレゼンテーションである。口頭や文章でのプレゼンテーションは、説明的なプレゼンテーションとして、「基本構造は同じ（中略）もっともニーズの高い言語活動は説明的なプレゼン」9) p.1　である、とまとめることができる。

◀ Ⅳ　書く技術の法則

　大学における論文書きは、学校教育のみならず、大学卒業後のビジネスにおいても、提案書、報告書、回答書、指示書などの実務で、仕事の効率を上げることにも結びつき、社会で大いに活用できる。論文書きのポイントを三点挙げる。

1　負担の少ないパラグラフの手法

　文章を書く際、パラグラフの手法は読み手に時間の経過とともに分かりやすく書かれている。この手法は、今や文章を作るための国際的な言語技術であり、大学、大学院、研究機関、ビジネス界などで、学術論文や提案書などの作成において求められる書き方となる。パラグラフの手法とは、表現したい文章を効率よく伝える、論理的に構成する、など書き手・読み手双方にとって負担の少ない道筋のある書き方である。

2　プレゼンテーション表現と同様のまとめ

　現代においては、誰もが発表用プレゼンテーションソフトを活用する時代となった。この発表技術を分析すると、性質の同じ情報を項目別に

整理し、スライドにすることでスライド内の要素をグループ化し、小見出しのタイトルをつけて一枚ずつ完結するようになっている。視覚的に理解させる表現技術でもある。枚数を重ねて概要を述べ、メリット、デメリットなどの情報を入れ、最後にまとめを用意することで、聞き手に十分伝えることができる。この手法で相手に伝えることができれば表現力はアップする。

　説明するだけではなく、書くこともプレゼンテーション表現と同様に、プレゼンテーション流の文章の作り方が参考になるものと考えられる。この考え方が文章づくりにおけるパラグラフ構造につながることとなる。

3　パラグラフの必要性

　パラグラフの構造に関して、書く技術を身に付ける手法を紹介した記事がある。そこには、ポイントが解説されている。「①文章の冒頭には重要な情報をまとめて書く、②詳細はパラグラフを使って書く、③パラグラフの冒頭には要約文を書く、④文頭にはすでに述べた情報を書く」10）pp.58-143　などである。

　国際標準になりつつある言語技術パラグラフは、論理的な文章を書くには今や不可欠な概念となっている。「パラグラフを使わずに、論理的な文章を書くことは、ほぼ不可能」10）p.106　とまでいわれている。

◀ Ⅴ　パラグラフと日本語の段落の違い

　日本語では、説明すること、書くことにおいて、遠回りで最後に結論が分かるという例は多い。それに対して英米人の考え方であるパラグラフは、直線的で早い段階から要点のいくつかを述べることでパラグラフの構造から話の内容が分かる利点がある。

　日本語の段落には、意味段落と形式段落とがある。意味段落とは、意味のつながりでひとまとめにしたものである。これに対し、パラグラフ

とは一つの考えを整理して示すブロックであり、日本の段落とは異なる考え方である。パラグラフと段落の違いとして、パラグラフとは、「文章の構成単位」10) p.106 に対して、段落は、「見た目上の区切り」10) p.106 として使われている。

　ここでパラグラフと日本語の段落との相違をはっきりさせるために、「日本語の段落＝形式段落＋意味段落に対して、英語のパラグラフ＝形式段落＋意味段落＋１パラグラフ・１トピックス・１アイデア」11) p.11 から、段落は英語のパラグラフとして構成されることの方が分かる。あくまでも「相手を説得することを目的にする文章とそうではない文章を区別することができる」11) p.25 こととなる。

Ⅵ　パラグラフのルーツ

　パラグラフは、20世紀後半にいたって仕上がったといわれている。「英語のパラグラフとそれにもとづく作文法は、19世紀後半のスコットランド及びそれ以降のアメリカ合衆国に、その直接的なルーツを持つ」12) p.135 とされている。

　これに対し、日本では「明治時代まで段落は存在せず、その後『パラグラフ』が輸入され、その訳語として『段落』が付けられ、すでに明治20年頃までには欧米流のパラグラフごとの改行と冒頭の字下がりの２つの形式は広く行われるようになり、明治36年には文部省が国定教科書にパラグラフを『段落』として取り入れた」11) p.5 ことによる。

　検証のため、明治時代の教科書を閲覧した。原本のままでデータ化された教科書は、国立教育政策研究所教育図書館閲覧室でのみ閲覧可能である。参考までに、明治26年出版『高等読本一』、明治33年出版『国語読本尋常小学校用巻八』、明治36年出版『高等国語教科書巻一』では、段落及び一字下げが見られる。ただし、検定時代の教科書会社は複数社あり、会社によっては、段落及び一字下げとも行われていない。

◀ Ⅶ　学校教育における論文指導

1　学校教育における説得する技術

　パラグラフの手法は、学問の分野に関わらず、文章を書く世界で活用される時代となった。社会への準備段階である学校教育において、文章の書き方についての指導は、国語力・英語力にとどまらず、校種に限らず小学校から全教科にわたり、あらゆる分野で必要となる。時代に合わせた指導方法によって、ものごとの関連付けを意識したまとめる力を身に付けることが急務である。

　日本での学校教育にも大きな変化がみられるようになった。説明することでは相手を説得できる表現、書くことでは読み手を説得できる手段、論理の展開などを考えて構成することなどが重要視されている。また、主張を明確にして的確に伝わるようにすることが時代の流れである。

　これからの学校教育では、プレゼンテーションにより、説明する・書くことについて、相手方を説得する技術である論理的で説明能力を高める指導が必須である。

2　段落としての書き方指導

　日本の学校教育では、かつて、段落やパラグラフについて、学校で教えられてきただろうか。段落とはどういうものかについて「徹底した教育が行われているとは言えない」53）p.59　との考えがある。また、「国などの公的な機関が決めた規則がなく、慣習的に定められた原則もない（中略）少なくとも徹底した形での教育は行われてこなかった」11）pp.1-3　との考えもあり、学校教育では教えられてきていないことは明らかである。

　特に、平成30年告示高等学校学習指導要領での外国語・英語における発表では、「プレゼンテーションの活動」が初出した。そこには、パラグラフの文言はないものの、複数の段落からなる文章で伝えることが求め

られている。また、国語では、効果的な段落の構造や論の形式が重視され、書くことの重要なこととして、「どのような構成にして書くか」がポイントとなり、説明することや書くことについては、論理の構成や展開を工夫し、独創的な文章、短い文にまとめることも必要とされている。

◀ VIII 論文作成能力の活用

　大学における継続した学習や論文書きで培った力は、社会人となってどのように評価されるのか、特に論文書きをしてきた大学生に対する期待をまとめる。大学卒業後に人として生きる考え方、社会への対応などに大きく力を発揮することは間違いないはずである。ここで経済界からの評価に触れておく。

　論文を書いた経験は、経済界から高く評価されている。論文を書くことを通して、問題や解決のための課題をつかむ習慣が身に付いている。さらに、課題解決策を考えることにも秀でている。それが証拠に企業では、大学などで論文を書いてきたことで創造力も高まり問題設定能力も上がることを評価している。

1　産業界が求める人材

　産業界が求める人材について、大学・大学院で論文を書いてきた学生は、書く、見せる、報告するなどの力を身に付けていることが期待されている。日本経済団体連合会の指摘では、「学生に求める資質、能力、知識」13）p.2　として、主体性、実行力に次いで課題設定・解決能力となっている。結果として「論文を書く能力」は、経済界から評価されている。また、日本経営者団体連盟（日経連）の指摘に対して、基礎学力、積極性が身に付く上に、問題設定能力として「卒業論文・修士論文を書いてくれば、企業が重視している『問題設定能力・問題解決能力』と『コミュニケーション能力（プレゼンテーション能力）』を身につけることが

できます」4) p.2　と、大学での論文書きの価値を評価している。

2　教育機関への期待

　産業界からのアンケートでは、教育機関への期待がある。特に、文系・理系に限らず高等教育機関である大学教育への期待は大きいものがある。経団連の調査で注目すべきは、「文系・理系ともに求められる資質等として、『課題設定・解決能力』がより高い順位となり、さらに理系では『創造力』も高い順位となった」13) p.2　ことである。

　また、「論理的思考力や意見の発信・傾聴力、情報活用能力、外国語能力なども一定のポイントを得ており、基本的な能力に基づく課題解決能力等が求められている」13) p.2　ことが分かる。

Tea Time① 英和・和英辞書　Paragraph

○英和辞書／「Paragraph」から、「段」「段落」の初出を確認した。
- 明治21年（1888年）／章ノ符（『ダイヤモンド英和辞典』）
- 明治25年／章、節、段、短文（共益商社、『双解英和大辞典』）
  - →明治40年増訂／Paragraphic, Paragraphical／段落ノ
- 明治30年／段落、章、節、短文（『新英和辞典』大蔵書店）
  - （明治30〜34年／20冊中1冊のみ掲載）

○和英辞書／慶應3年（1867年）／「段落」なし
  - （by J.C. Hepburn、『A Japanese and English dictionary : with an English and Japanese index』）（Trubner & Co、1867）

  （国会図書館デジタルコレクション）

Tea Time② 米国におけるパラグラフ教育

　パラグラフ・ライティングに関する学校教育での学習
<小学校>3、4年生の英語（国語）／パラグラフの概念
<中学校>国語／文を書く
<高等学校>歴史／パラグラフで書く
<大学進学時>自分の考えを論理立てて述べる
<大学>パラグラフ・ライティング

17）pp.104-105

第3章　パラグラフの解説2
－パラグラフの構造と種類－

【キーワード】アカデミック・ライティング、逆ピラミッド型、論理的、情報の整理、長文への拡張、パラグラフの構造

> 　パラグラフの基本単位は、段落一つでテーマ一つについて、文章を型にあてはめて書くことにある。論文が長文になったとしても、全体として基本的な考え方を拡張することがポイントとなる。型にあてはめて書く手法を解説する。

　卒業論文や修士・博士論文を英語で書くことがある。さらに高い目標となる、国際的学術雑誌で掲載される研究論文には、「共通の書き方があり、アカデミック・ライティングという。自分の考えや主張について、客観的に書き、読者にその内容の正当性を伝える英文ライティングの技法」7) p.ⅲ　である。そこにはアカデミック・ライティングの書き方が、パラグラフの構造として書かれている。書く技術として、どの教科・分野においても参考となる書き方である。

Ⅰ　パラグラフの構成

　パラグラフを最初から構成する準備段階としては、テーマを選定し、問題の解決などに関連するよう、順序に従って書き出すことから始めることになる。

　パラグラフの基本の型は、次の順番で行うことによってでき上がる。

　　ステップ1／テーマの選定
　　　↓

1　基本的な構成

ステップ1／テーマの選定

　テーマを狭めていき階層関係を上層から下層へと絞り込んでいく。段取りは次の順で行う。

(1)　一般的な広いテーマ（論文テーマ不向き）

　　　↓

(2)　特定的、具体的テーマ（論文テーマ）

　　　↓

(3)　テーマ（論文小項目）

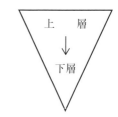

　例として「環境問題」といったテーマは、範囲が広いため論文テーマとしては不向きであり、特定的、具体的テーマに絞り込む必要がある。さらに具体的なテーマ、論文小項目となるように、階層関係を絞り込んでいき、それから掘り下げて考えていくこととなる。パラグラフは、説明的なプレゼンテーションとして、説明する・書くことの基本である。長文となる卒業論文などで役に立つことになる。

ステップ2／アイディアを出す問題の解決

(1)　トップダウン的に考えトピックを狭めリスト化する。

　　　↓

(2)　思いつくままにアイディアを出し、文で書く。

　　　↓

(3)　思いついたことを線でつなげて書き、関連する項目を書く。

　トップダウン的に考えトピックを狭めリスト化し、思いつくままにアイディアを出し、文で書く。さらに思いついたことをつなげてまとめて書き、関連することをぶどうの房状として具体的に書く。

　ステップ3／リスト化した重要部分の縮約

(1)　サブリスト化するため思いつくままに書き出す。階層レベルの上位から下位へと分ける。論文目次では、上位は章、下位は節に相当する。

(2)　論文の心臓部で重要な部分を縮約する。

(3)　パラグラフの基本中の基本の型として、スタート地点に立つ。

　トピック文（主題文）では、一番大切な結論は最初に書く。具体性に欠けていても、その後に支えるのは下位のサポート文（支持文）である。サポート文はトピック文に連続して書くこととなる。最後には結論文として上記をまとめる。

2　応用的な構成

　パラグラフの考えに基づいて文章を効果的に構成するには、書き方のルールに則ることである。構成の方法として、「①総論のパラグラフで始める、②1つのトピックだけを述べる、③要約文で始める、④補足情報で補強する、⑤パラグラフを接続する、⑥パラグラフを揃えて表現する、⑦既知から未知の流れでつなぐ」14) p.45　ことが重要である。

　論文を構成するための基本的な考え方として、一つの段落では一つの主張が論じられる。主張を二つ書きたい場合、別のパラグラフで書くこととなる。パラグラフの原則は、一つの内容だけに限定して書くことである。

　さらに、文と文の結びつきに接続語を用いて、いかにして流れるように書くかがポイントである。パラグラフとしてブロック内での結びつき、

ブロック間の関係性を明確に示すことで自然と論理的な文章になる。

　卒業論文の論の展開の方法に関しては、最初にポイントをあげることである。基本形としては、トピック文（主題文）、サポート文（支持文）、そして支持文には細分化した詳細情報としての根拠、例、理由などが必要となる。最後には結論文となる。

3　パラグラフの文字量

　1つのブロックである段落内のパラグラフの文字量は、「200字～400字前後にする（中略）これよりも長くなるときは、パラグラフを分けます。いくつかのパラグラフが集まったときに、中心文同士が論理的につながるように書くこと」15）p.132　がポイントとなる。

◀ Ⅱ　パラグラフの種類

　パラグラフの型にはいくつかある。型を知り論文に相応しい流れとなるよう論理的に展開して書くことが重要である。

1　パラグラフの型

　パラグラフとなるにはどのようにして作っていくかを考える。トピック文である主題文をどこに配置するかによって、パラグラフの種類がいくつか考えられる。①徐々に細くしていく▽型、②徐々に太くしていく△型、③徐々に太くし、途中から細くしていく◇型である。

　パラグラフの種類について詳述すると、「①逆ピラミッド型▽、②ピラミッド型△、③菱型◇」16）p.9　がある。

　（1）　逆ピラミッド型▽／トピック文が先で、続いてサポート文となる。

　（2）　ピラミッド型△／サポート文が先で、続いてトピック文となる。

　（3）　菱型◇／先、後にサポート文、真中にトピック文となる。

　「主題文は初めの方に来ることが多いが、末尾に現れる」16）p.9　こと

もある。

　練習として、指定のテーマを自身に課し、サポート文の柱となる項目だけでも抜き出してみるのもよい。また、レポートを書く際に、パラグラフの流れに書き換えて整理し説明するのもよい。読み手にはさらに分かりやすくなる。

　卒業論文のテーマでは、トピックを選びさらに逆ピラミッド型▽の絞り方で階層を狭めて書いてみる。この方法による項目などのキーワードだけでも挙げてみる。

<u>2　論理的な順序</u>

　論文テーマとして、例えば、「環境問題」という範囲では広すぎるので不向きである。テーマを絞る場合、地域、時代などに範囲を狭めていき、サポート文（支持文）を積み上げて構成することとなる。支持文は細分化して詳細情報とする。

　支持文の構成で、論理的な順序をもたせるテクニックの例として、時間順、比較順、同意順などが考えられる。時間順で同類項を整理して書くこともよい。

　文章における構成の考え方として、塗り絵でいう線は目次のような輪郭線のようなもので、塗り絵の枠を作ってから色塗りとして補足することにも似ている。

◀ **Ⅲ　情報の整理**

　サポート文（支持文）内で細分化した詳細情報を整理する場合、支持文を順序立てて設定するポイントがいくつかある。

1 ＜ことばを書き出す＞

最初にあらゆることばを書き出すことから始める。無関係なものでも書き出し、分類せずに付箋などを活用するとよい。

2 ＜グループ化する＞

その後に書き出したものをグループ化し、関係ないものは消す。グループをいくつかに分けて結びつかないものを消す。

3 ＜連ねて書く＞

思いついたことを線でつないでまとめて書く考え方もある。日本にはない文を書くプロセスとして、ぶどうの房状を意識して連ねてグループ化していく方法である。

4 ＜できごとの順番に沿って書く＞

書く段階となって、できごとの順番に書かれていると分かりやすい。順序として、年代、進化、発展、経緯などが考えられる。

5 ＜共通点・相違点を比較・対照する＞

比較・対照の場合は、対照・対比・相違などがあり、支持文Aでは共通点・類似点だけが論じられる。次に支持文Bでは前のサポート文を受けた形として、相違点などについて述べることもある。

◀ Ⅳ　英語流パラグラフの例

英語流パラグラフを参考にして書く場合は、基本の型として下記のようになる。トピック文、サポート文、結論文と続けて文章化する。その際、一つの段落とするパラグラフ内の文章は、接続語を用いて関連づける。また、第1パラグラフ、第2パラグラフ、第3パラグラフ・・・と全

パラグラフ間を接続する際にも接続語を適切に使う。

段落	＜第1パラグラフ＞ トピック文1、サポート文A、サポート文B、サポート文C、結論文1	〇〇〇〇〇〇〇〇〇〇〇〇〇 〇〇〇〇〇〇〇〇〇〇〇〇〇 〇〇〇〇〇〇〇〇〇〇〇〇〇 〇〇　（連続した文章にして書く）
次の段落	＜第2パラグラフ＞ トピック文2、サポート文D、サポート文E、サポート文F、結論文2	〇〇〇〇〇〇〇〇〇〇〇〇〇 〇〇〇〇〇〇〇〇〇〇〇〇〇 〇〇〇〇〇〇〇〇〇〇〇〇〇 〇〇　（連続した文章にして書く）

Ｖ　パラグラフ型の長文への拡張　　Point

　卒業論文のように全体が長文となる場合のパラグラフの基本構造から論文全体への発展となる構成図を示す。長文となる論文のパラグラフの基本は構成図（p.37）のとおりで、全体として、序論（総論）、本論（主文）、結論（総まとめ）が大きな柱となる。**長文となって文が拡張した場合においても、細部にわたりパラグラフの基本図が構成される。**特に、図中Ⅱの「本論」内にある主文（サポート文A1、サポート文A2、サポート文A3）では、書く内容の順番を示している。この順番でパラグラフ内でトピック文（主題文）、サポート文（支持文）、結論文を続けて書くこととなる。

　パラグラフの原型（p.17）は、前述のとおりである。しかし、長文となった場合には、部分がさらに細分化されることになる。後述する〈論文への発展〉での書き方では、サポート文がさらに細分化される構成となる。基本図のサポート文Aは、トピック文A枠として独立させる。同様にサポート文B、サポート文Cも同様である。トピック文Aでは、さらにサポート文A1、サポート文A2、サポート文A3となり、各サポート文の具体的情報として、サポート文A1の情報a1、情報a2を述べ

る。さらに、サポート文Ａ２では、情報a3、情報a4となる。サポート文Ａ３では、情報a5、情報a6となる。トピック文Ｂ、トピック文Ｃも同様の考えである。

トピック文Ａ内においては、右図の基本型が原型となる。サポート文を拡張した場合は、それぞれがパラグラフを構成する。枠①が枠①'へ、②が②'へ、③が③'へとパラグラフの構造として新たに別枠として拡張する。（右図参照）

結論文では、新たな内容を入れない。①'②'③'と拡張されたとしても、①'として新たにパラグラフのフォームで原型を作ることが大切なことである。論文でいえば、章、節、項となる。

＜パラグラフと論文の構造＞

　パラグラフと論文は同じ構造となる。

パラグラフの基本／トピック文（主題文）、サポート文（支持文）、
　　　　　　　　　結論文

論文としての拡張／「序論」、「本論」、「結論」となり、論文でもトップダウンの書き方をすることが構造の基本である。

　良いパラグラフとは、段落ごとが一つのトピックであることと、「トピック文できちんと一つのトピックが総括されていること、そして情報がきちんと順序よく展開している」17）p.002　ことである。長文に拡張されても新たにパラグラフは分解され、サポート文を細分化して詳細情報となることに変わりはない。（p.39図解）

＜論文への発展／構成図＞

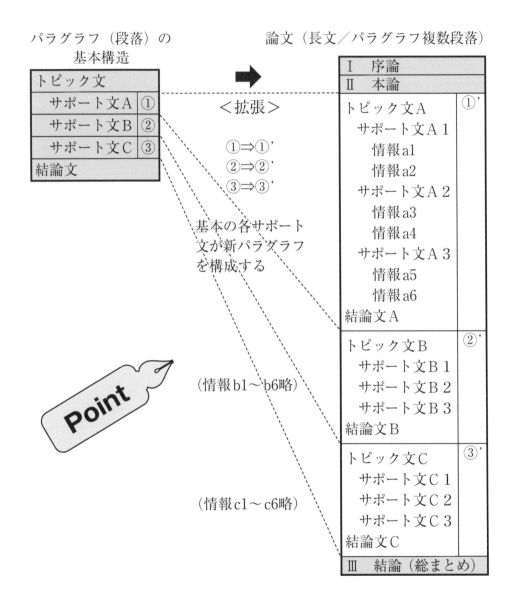

パラグラフ（段落）の
基本構造

トピック文	
サポート文A	①
サポート文B	②
サポート文C	③
結論文	

論文（長文／パラグラフ複数段落）

＜拡張＞

①⇒①'
②⇒②'
③⇒③'

基本の各サポート
文が新パラグラフ
を構成する

Point

（情報b1～b6略）

（情報c1～c6略）

Ⅰ　序論	
Ⅱ　本論	
トピック文A	①'
サポート文A1	
情報a1	
情報a2	
サポート文A2	
情報a3	
情報a4	
サポート文A3	
情報a5	
情報a6	
結論文A	
トピック文B	②'
サポート文B1	
サポート文B2	
サポート文B3	
結論文B	
トピック文C	③'
サポート文C1	
サポート文C2	
サポート文C3	
結論文C	
Ⅲ　結論（総まとめ）	

参考8) p.102

Ⅵ　パラグラフの構造

　パラグラフの構造を「フロアー（階層）＋クラスター（房状）」と定義する。パラグラフである段落を、最初にテーマ一つについて階層構造（トピック文（主題文）、サポート文（支持文）、結論文）に分解した上で、次にサポート文（支持文）を各情報に細分化してクラスターとして房状に構成する。パラグラフとは、分解・細分化の構成となる。構造としての分解、構成としての細分化となる。

> 　パラグラフの構造と構成をサンドイッチに例える。
> ・構造は？／パンを階層にした間に食物を挟んだもの。
> ・構成は？／パンに挟む食物には、ハム、卵、野菜などがある。

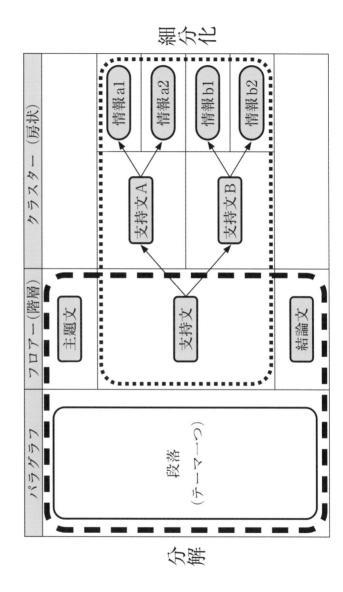

Tea Time③ 世界諸言語における基本語順の分布

　文の書き方に関する調査研究を紹介する。世界諸言語における基本語順の分布を地域別に調べたが、組み合わせから、ＳＯＶ、ＳＶＯ、ＶＳＯ、ＶＯＳ、ＯＶＳ、ＯＳＶという６つの型が可能である。割合については、「日本語のようなＳＯＶ型が最も多く、全体の約50％、次いでＳＶＯ型が33％、ＶＳＯ型が９％、ＶＯＳ型が2.6％という比率」となる。

39) pp.160-161

第4章　パラグラフの解説3
－パラグラフの実際－

【キーワード】パラグラフの構成例、米国大統領経済報告、開発協力白書

> 　パラグラフの実際として、構成例・逆引き例・小論文例をいくつか取上げる。パラグラフの構造について理解できたところで、次に英語と日本語における文章の構成と実例文を用いて比較してみる。

　パラグラフの実際である、英語の書き方の例として、『米国大統領経済報告』18）と日本語翻訳文章 19）を比較する。ここでは、実際にアメリカが発行する英文の原典と日本語翻訳文章を併記する。次に、対比するため、日本語文章の原典である、『開発協力白書』20）と英語翻訳文章 21）の文章構成スタイルを併せて見ていく。

I　パラグラフの実際の構成

　パラグラフは、一つの段落内を分かりやすい構造として整理し、連続して書くこととなる。実際の構成例を挙げてみる。

1　パラグラフの基本

　パラグラフの基本を整理する

○＜テーマは1つ＞	1つのパラグラフでは、トピックを1つに絞る。
○＜概要文が先＞	トピック文では、パラグラフ全体の概要を述べる。
○＜先頭文で表現＞	トピック文は、パラグラフの第一文に置く。
○＜サポート文で補助＞	パラグラフは、トピック文とサポート文で構成する。
○＜新しいことはない＞	結論文は、これまでの内容でまとめる。

2　構成順序

　(1)　段落のテーマからパラグラフとしての全体構成を考える

【テーマ名】

○段落のテーマに関連するキーワードA、B、Cを出す
○Aに関連する情報キーワード2～3を出す
○Bに関連する情報キーワード2～3を出す
○Cに関連する情報キーワード2～3を出す
○まとめる

　(2)　項目を抜き出してパラグラフの基本構造に置き換える
　　　《パラグラフの項目例》

＜パラグラフの基本構造＞
○トピック文（主題文）
○サポート文（支持文）
○結論文

　(3)　段落を一つのパラグラフとして一気に連続して書く
　　　《パラグラフの文章例》

　一つのテーマについて、トピック文（主題文）、サポート文（支持文）、結論文（むすび）として構成し、段落を一つのパラグラフ構造として連続した文章として書く。

3　構成例1

例1 【環境問題の企業と個人における解決法】

(1)　《パラグラフの項目例》　参考 7) pp.90-91

○主題文／環境問題への関心を高め、保全運動に参加するには企業と
　　　　個人が協力して環境のダメージを減らす必要がある
○支持文A／企業は公害を削減する
　　情報a1／温室ガス排出の原因の化石燃料の使用を減らす
　　情報a2／生産過程をより効率的にきれいにする
○支持文B／個人は行動を見直す
　　情報b1／節電を行う
　　情報b2／通勤に公共交通機関を使う
○結論文／企業も個人も環境問題に積極的に行動をとる

▼

(2)　《パラグラフの文章例》

　環境問題を解決するには大きな課題がある。環境問題への関心・喚起及び保全運動が必要である。特に企業が、多くのエネルギーを消費し、温室効果の原因となるガスを大量に排出している責任は大きい。企業は化石燃料を減らし、生産過程を見直すことが考えられる。しかし、それらを取り締まるだけでは不十分である。企業だけでなく、個人も環境問題への関心を高め、保全運動に参加するべき点を考慮する。各個人が節電に努め、公共交通機関の利用を促進することも重要である。大きな団体も個人もできることに取り組むべきである。

例2 【電力自由化を何故行うのか】

(1) 《パラグラフの項目例》

○主題文／電力自由化を何故行うのか
○支持文A／電力自由化のメリット
　　情報a1／経済の活性化
　　情報a2／期待される効果
○支持文B／電力自由化のデメリット
　　情報b1／自由化進展の問題
　　情報b2／各社参入による技術的な懸念
○結論文／企業が競争することで経済が活性化する一方で、デメリットもある

▼

(2) 《パラグラフの文章例》

　電力は、かつて大企業が独占していた。近年各国で導入されている電力自由化とは、電力技術である発電、送電、配電などを分割することで、会社の経営努力を狙ったものである。電力自由化のメリットは、時代の潮流として経済の活性化につながることである。電気料金も入札制などによって低価格で提供することができる。一方、デメリットは、料金が安定しないことや、電力・ガス会社などの競合が起こり、電力の安定供給に責任をもつ機関が存在しないことなどがある。各社が参入する外国では、大停電が引き起こされた例もある。企業が分割し競争することで経済が活性化するものの、デメリットもある。

5　構成例3

例3　【Wi-Fi不要で使える防犯カメラの選び方】

(1)　《パラグラフの項目例》

○主題文／Wi-Fi不要で使える防犯カメラの選び方
○支持文A／Wi-Fi不要の防犯カメラを利用するメリット
　　情報a1／セキュリティ面で安全
　　情報a2／費用が安い
○支持文B／Wi-Fi不要の防犯カメラを利用するデメリット
　　情報b1／スマートフォンなどから映像が見られない
　　情報b2／時刻が正確ではない
○支持文C／Wi-Fi不要で利用できる防犯カメラの種類
　　情報c1／置くだけ型／電池式
　　情報c2／LANケーブル型／電源不要式
　　情報c3／同軸ケーブル型／電源式
○結論文／Wi-Fi不要の防犯カメラは、使用環境を勘案して選ぶ

▼

(2)　《パラグラフの文章例》

　　ネット環境にWi-Fiがない場合でも使える防犯カメラの選び方を考える。利用するにあたり、メリット、デメリット、種類を調べた。Wi-Fi不要のカメラのメリットは、Wi-Fiを利用するとセキュリティ面でのリスクは少なからずあるが、Wi-Fiを利用していなければ、映像を盗まれないことで安心といえる。また、インターネットの契約がないので通信コストがゼロである。デメリットは、Wi-Fiを利用しないため、スマートフォンなどから映像を見ることができない。また、時

刻表記が少しずつずれる可能性があり、時刻合わせが必要となる。Wi-Fiなしで利用できる防犯カメラには、置くだけ型（電池式）、LANケーブル型（電源不要式）、同軸ケーブル型（電源式）の三種類がある。Wi-Fi不要で使える防犯カメラは、使用環境に合わせて選ぶことができる。

Tea Time④　文章表記上の改行　一字下げ

　文章の表記に当たり、書き出し及び改行の際の一字下げという欧文流のルールは、昭和16年の第五期国定教科書以前、一般的ではなかった。法令も同様である。なお戦後、「公用文の、書き出し及び改行のときの一字下げは、昭和27年4月の内閣官房長官の各省事務次官あて依頼通知という形で明定」された。 46)

　内閣官房長官から各省庁次官宛て文書「公用文改善の趣旨徹底について（依命通知）」には、公用文作成の要領として、「第3　書き方について」の中で、「文の書き出しおよび行を改めたときには1字さげて書き出す」との記述がある。 47) p.7

6　構成例4

| 例4【コロナ変異株・オミクロン株の感染急拡大における課題と対策】 |

⑴　《パラグラフの項目例》

○主題文／コロナ変異株・オミクロン株の感染急拡大（2022.1.17）における課題と対策
○支持文A／感染を止める
　　情報a1／制度上の適用－まん延防止等重点措置、緊急事態宣言
　　情報a2／人数制限と換気－大声出さずにマスク着用
○支持文B／社会経済活動は止めない
　　情報b1／飲食店－休業要請から短縮要請や酒類提供停止
　　情報b2／産業活動の基盤－社会インフラを止めない、アメリカ地下鉄ストップ、英国ごみ収集停滞
○結論文／感染防止と社会経済活動を両立させる対策を模索する。他国の例などから効果のある対策をとる

▼

⑵　《パラグラフの文章例》

　コロナ変異株・オミクロン株の感染が急拡大（2022.1.17）し、新たな緊急課題への対策が急務である。第一に、感染を止めることである。重点措置の適用を図り、まん延防止等重点措置、緊急事態宣言を制度化し、発出することである。また、感染を止めるには、人数を制限し、換気を行い、大声を出さずにマスクを着用する必要がある。第二に、社会経済活動は止めないことである。飲食店に対する休業要請から、短縮要請や酒類提供停止へと要請内容を移行するべきだ。ま

た、産業活動の基盤として、社会インフラを止めないことである。アメリカでの地下鉄ストップ、英国のごみ収集停滞などと似た現象が起こらないようにしなければならない。他国の例などから、感染は止める。社会は止めない。感染防止と社会経済活動を両立させる対策を講じることである。

Tea Time⑤　日本教科書の変遷

教科書制度による三つの時期
- 第一／明治初年(1868)〜20年(1887)頃／民間、文部省から自由に出版
- 第二／明治20年(1887)頃〜35年(1902)頃／検定制度(19年小学校令)
- 第三／明治36年(1903)〜昭和22年(1947)／国定教科書制度(40余年)

48) pp.1-6

段落、一字下げ
- 山縣悌三郎『高等読本一』（文学社、明治26年）　　　　49) pp.6-7
- 普及社『国語読本尋常小学校用巻八』（普及社、明治33年）
- 小林義則『高等国語教科書巻一』（文学社、明治36年）

段落及び一字下げが見られる。

7　構成例5

例5 【本書の巻頭言】　　　　　　　　　　（2000字程度）

⑴　《パラグラフの項目例》

（A序論）
○主題文A／論文・小論文の書き方は、言語技術パラグラフの基本型
　　　　　　に置き換え、パラグラフ構造で論理的な段落をつくり、
　　　　　　引用方法を理解して書く
○支持文A1／論文・小論文に共通した書き方
　　情報a1／大学卒業論文、大学院論文、研究者論文
　　情報a2／序論、本論、結論
○支持文A2／段落の構造パラグラフを理解する
　　情報a3／アカデミック・ライティングの活用
　　情報a4／国際的言語技術の理解
　　情報a5／大学入試対策としての小論文
○支持文A3／論文を書くための重要な内容
　　情報a6／引用及び著作権法の理解
　　情報a7／他の重要な内容
○結論文A／学術論文・小論文を書くための重要なキーワードは、学
　　　　　　術論文、説明的なプレゼンテーション、パラグラフ、引
　　　　　　用、著作権法、参考図書の記述となる

▼

（B本論／①学術論文）

○主題文B／学術論文としての学術性を理解し、信頼される論文を作
　　　　　成する

○支持文B１／学術性を理解する

　　情報b1／先行研究の調査

　　情報b2／世界唯一の論文

○支持文B２／信頼される論文とする

　　情報b3／文献内容を検討する

　　情報b4／論理展開に矛盾はない

○結論文B／学術性を意識して論理的な論文を書く

（B本論／②説明的なプレゼンテーション）

○主題文C／説明的なプレゼンテーションとしての書き方では、言語
　　　　　技術を活用し、プレゼンテーション流の構造で書く

○支持文C１／プレゼンテーション流の書き方を行う

　　情報c1／説明する・書くための基本

　　情報c2／英語アカデミック・ライティングの活用

○支持文C２／言語技術を活用する

　　情報c3／パラグラフの理解

　　情報c4／段落の論理的な構造の理解

○結論文C／説明的なプレゼンテーション技術が必要である

（B本論／③パラグラフ）

○主題文D／論文は国際的言語技術パラグラフの構造で書く

○支持文D１／パラグラフの基本構造を理解する

　　情報d1／トップダウン

　　情報d2／日本語の段落とは異なる

○支持文D2／パラグラフの論理的な書く技術を知る

　　情報d3／主題文、支持文、結論文に分解（フロアー階層構造）

　　情報d4／支持文の細分化（クラスター房状構成）

○結論文D／パラグラフの構造化に基づいた型で書く

（B本論／④引用）

○主題文E／引用はルールに基づき論文に活用できるため、適法性、引用の概要を知ることが必要である。

○支持文E1／引用に関する適法性を理解する

　　情報e1／明瞭区分性

　　情報e2／主従関係

　　情報e3／公正な慣行

○支持文E2／引用の概要を理解する

　　情報e4／間接引用

　　情報e5／自分のことばで記述

○結論文E／引用は不可欠であり、著作権法に則った引用を理解する

（B本論／⑤著作権法）

○主題文F／引用では先人の研究に敬意を払い、著作権法の概要を知る

○支持文F1／引用では先人の研究に敬意を払う

　　情報f1／公正な慣行

　　情報f2／研究内容の引用

○支持文F2／著作権法の概要を知る

　　情報f3／引用の必要性

　　情報f4／正当な範囲

○結論文F／著作権法の概要を知り、法の内容を知る

（B本論／⑥参考図書の記述）

○主題文G／参考図書の記述では、出典の明示、文献表記の方法を知る

○支持文G1／出典の明示が求められる

　情報g1／引用文の記述

　情報g2／文献情報

○支持文G2／文献表記の方法には、大学や学会などの方法がある

　情報g3／書籍表記

　情報g4／大学・学会表記

　情報g5／インターネット情報

○結論文G／参考図書では、第三者が確認できるような記述をする

（C結論）

○主題文H／論文・小論文は共通した書き方であり、言語技術パラグラフの論理的な構造を理解する

○支持文H1／学術論文として書く

　情報h1／国際的言語技術パラグラフの理解

　情報h2／引用方法の理解

○支持文H2／論理的な段落づくり

　情報h3／パラグラフの構造

　情報h4／学校教育での論文指導が急務

○結論文H／論文・小論文を書くには、パラグラフの構造の理解が最も重要である

▼

(2)　《パラグラフの文章例》

まえがき（本書参照）

8　構成例6　（逆引き）

> ## 例6 【《文章例》から《項目例》を導き出す】

　この例においては、できあがっている文章例から逆に項目例を想定してつくってみる。最初に立てる文章の項目例がない場合には、文章から項目例を導き出すことができる。

《パラグラフの実際の文章例》（『開発協力白書』）

−開発協力大綱−
　日本の開発協力政策は、開発協力大綱（2015年2月閣議決定）をその根幹としています。

　日本は、平和国家としての歩みを堅持しつつ、国際協調主義に基づく積極的平和主義の立場から、国際社会の平和と安定および繁栄の確保に一層積極的に貢献し、それを通じて日本の国益の確保を図ることを開発協力政策の基本としています。開発協力大綱は、こうした日本の基本的方針を明記した上で、その実現に向けた外交政策上の最も重要な手段の一つとして、これまで以上に政府開発援助（ODA）を戦略的かつ効果的に活用していくことを定めています。また、開発課題が多様化・複雑化し、国家のみならず民間企業やNGOをはじめとする様々な主体による開発協力が必要とされている中、ODAにはこうした多様な力を結集するための触媒としての役割も求められています。　20)

△　逆　△

〔一文ごとに分割する〕

日本の開発協力政策
−開発協力大綱−

日本の開発協力政策は、開発協力大綱（2015年2月閣議決定）をその根幹としています。

・日本は、平和国家としての歩みを堅持しつつ、国際協調主義に基づく積極的平和主義の立場から、国際社会の平和と安定および繁栄の確保に一層積極的に貢献し、それを通じて日本の国益の確保を図ることを開発協力政策の基本としています。

・開発協力大綱は、こうした日本の基本的方針を明記した上で、その実現に向けた外交政策上の最も重要な手段の一つとして、これまで以上に政府開発援助（ODA）を戦略的かつ効果的に活用していくことを定めています。

・また、開発課題が多様化・複雑化し、国家のみならず民間企業やNGOをはじめとする様々な主体による開発協力が必要とされている中、ODAにはこうした多様な力を結集するための触媒としての役割も求められています。

△　逆　△

《パラグラフの項目例》

○主題文／日本の開発協力政策として、開発協力大綱を定める
○支持文A／開発協力政策を策定する
　　情報a1／国際社会の平和と安定の確保
　　情報a2／日本の国益の確保
○支持文B／開発協力大綱を定める
　　情報b1／基本的方針の明記
　　情報b2／政府開発援助（ODA）の活用
○結論文／開発課題には、開発協力としてODAなどの役割が大きい

<u>9　小論文対策</u>

大学入学試験を視野に入れた対策である。

⑴　どのような構成にして何を書くか

　　「何を書くか」の前に、「どのように構成するか」が柱である。大学入学試験での小論文対策として、字数は800〜1200字に対応する小論文を書くことを想定する。

パラグラフの構造と構成

❶　**段落の順番の構造**

　段落数／３〜４（段落字数200〜300字）

　序論、本論（本論１、本論２）、結論

❷　**段落内の構造（階層）**

　主題文、支持文、結論文に分解

❸　**段落内の構成（房状）**

　詳細情報２〜３に細分化

⑵　大学入学試験での小論文を書くポイント

①　ポイント

- 出題文を読み、十分に理解した上で、考えをまとめて述べる。
- 考えの根拠及び根拠の基となる要因を出す。
- 書き方は、「起承転結」型ではなく、結論を先に述べる。

②　スタイル

- 字数は、800〜1200字
- 段落　序論　　／15〜20%

　　　　本論１／本論全体 70〜60%

　　　　本論２／（必要に応じて本論３を設ける）

　　　　結論　　／15〜20%

- 意見、根拠、要因などを挙げる。

　　　　支持文A／情報a1／根拠＋要因

支持文A／情報a2／根拠＋要因

支持文B／情報b1／根拠＋要因

支持文B／情報b2／根拠＋要因

③　段落の構成

段落	構成	内容
1	序論	全体概要を述べる。本論1、2に触れる。
2	本論1	本論1についての考え、意見などを述べる。
3	本論2	本論2についての考え、意見などを述べる。
4	結論	序論を受けて本論をまとめる。

④　出題テーマ例

• 一般／時事問題、心の豊かさ、集団への帰属、など

• 最新／時事問題、コロナウィルス、パワハラ、学力低下、熱中症
　　対策、AI活用、SDGs（持続可能な開発目標）、など

⑤　分解＆細分化／（階層に分解、房状に細分化する）

段落	フロアー （階層）	クラスター （房状）		内容
テーマ 1つ	主題文	ABを総括した文章		
	支持文	支持文A	情報a1	a1 を総括した文章
			情報a2	a2 を総括した文章
		支持文B	情報b1	b1 を総括した文章
			情報b2	b2 を総括した文章
	結論文	ABをまとめる		

⑥　小論文練習（p.100　小論文演習の活用）

• 小論文のテーマは、各自で課題を設定する。

• パラグラフの項目を立て、文章を作成する。

• 文章例枠を設け、300字程度の文章マスに書く。

10　小論文実例

　800〜1200字程度の小論文対策の重要な点は、最適なキーワードを考え出すことである。そのためには、前述の段落の構成例を参考に、項目立てに力点を置いて書くようにすることである。項目を立てれば、項目を見て誰でもが論理的な文章を書けることとなる。構造の階層分解、房状細分化することがポイントである。

⑴　小論文の対策／形式には、要約、読解、思考、論述などがあり、バランスを考えて力を発揮することとなる。小論文を書く仕組みは、字数に限らず、①主題文（トピック文）に始まり、②支持文（サポート文）が必要となり、③結論文の順となる。これがパラグラフの手法に合致した、階層構造である。

⑵　段落順における字数の割合／総字数に対し、序論15〜20％、本論70〜60％、結論15〜20％程度を目安にする。全体で800〜1200字程度の長文例としての割合の目安は、段落４つ（本論２つ）の場合、15％、70％、15％。また、５つ（本論３つ）の場合も同様である。

⑶　記述するにあたっての注意点／論文としては、①書き方の統一、文法の確認、②課題の把握、整然としたまとめ、③段落構成、論理的内容、④展開順序、などに配慮することである。

⑷　各段落／内容は、①支持文を細分化した詳細情報順として、a大・中・小、b広・狭・深、c前・現・後、dメリット・デメリット、などを設定する、②自身で問いを立てて課題を設定し、項目を立てる、③全体文字数は1200字程度を想定し、段落字数300字程度に分解（序論、結論は字数減）し文章化する、④出題字数が増減しても、300字程度の段落数がいくつか増減するだけで、段落テーマ数に変化が出る、⑤本論数が増えれば、話題が広がり、本論数が減れば深く掘り下げて書くことができる、⑥項目立ての順は、広く、深く、とどのようなテーマ名の変化にも対応できる、などとなる。

【小論文例１】／タイトル〔心の豊かさ〕

(1)《パラグラフの項目例》

（序論）
○主題文　／　心身の健康を維持することは、大切なことであり、特に、健康の根幹をなす心の豊かさを保つことが重要である ○支持文Ａ　／　心身の健康 　　情報a1／　人生100年時代の身体の健康管理 　　情報a2／　心の健康管理 ○支持文Ｂ　／　心の豊かさとしての生き方 　　情報b1／　人として満足した生き方 　　情報b2／　人と関わる生き方 ○結論文　　／　心の豊かさが人としての幸せにつながる
（本論１）／同上（支持文Ａに関する内容を展開する）
（本論２）／同上（支持文Ｂに関する内容を展開する）
（結論）　／同上（序論・本論に関する内容をまとめる）

▼

(2)《パラグラフの文章例》段落200〜300字（20字×10行／30字×10行）

（序論）
心身の健康を維持することは、いつの時代においても大切なことであり、特に、健康の根幹をなす心の豊かさを保つことが重要である。心と身体の健康は、健康寿命が延びたことから人生100年時代となり、各自にとって心と身体のバランスを取り健康管理をすることが必要となっている。特に心の管理をしっかり保っておかなければならない。人として日々の活動の中で、心の豊かさである生き方、充実し満足できる生活が基本にあることを認識する必要がある。中でも、人として他の人と関わりながら善く生きることが、心が豊かになる原点でもある。人として、心と身体の健康を維持することと合わせて、心の豊かさとしての生き方が幸せにつながるものと考える。
（本論１）／同上（自身で考える）
（本論２）／同上（自身で考える）
（結論）　／同上（自身で考える）

【小論文例2】／タイトル〔AI活用〕

(1)《パラグラフの項目例》

（序論）
○主題文　／ AI人工知能とは、ロボットにも組み込まれ、人に代わるだけでなく、技術的課題にも対応でき、活用範囲は広い
○支持文A ／ 人に代わる働き　ロボットとしての働き
情報a1／ 労働力の代替　3K（きつい、汚い、危険）の改善
情報a2／ 各分野の活動
○支持文B ／ AIの活用
情報b1／ 未知の課題に答えを出す
情報b2／ 言語技術　しゃべるロボットからの癒し　新家族
○結論文　／ 人並みの労働力や新家庭人に成り得る
（本論1）／同上（支持文Aに関する内容を展開する）
（本論2）／同上（支持文Bに関する内容を展開する）
（結論）　／同上（序論・本論に関する内容をまとめる）

▼

(2)《パラグラフの文章例》段落200〜300字（20字×10行／30字×10行）

（序論）
AIとは人工知能のことであり、ロボットの中にも組み込まれ、人に代わる働きをするだけでなく、技術的な課題にも対応でき、活用範囲は広い。ロボットとしては、労働力の代替として、いわゆる3K、「きつい」、「汚い」、「危険」な労働の代替が図られる。製造現場だけではなく、介護、農業、医療、物流、建設などの分野での活動が期待される。人工知能であるAIは、技術的課題に対応できることから、言語技術である翻訳など、また、おしゃべりで癒されるロボットの進出によって、新しい家族として受け入れられることも現実となっている。AIの活用の進展によって、各分野において人間並みの労働力や、ときには新家庭人に成り得るようになる。
（本論1）／同上（自身で考える）
（本論2）／同上（自身で考える）
（結論）　／同上（自身で考える）

各パラグラフの結論文は省略してもよい（p.17参照）。

Tea Time⑥　絶句／起承転結

　絶句とは、漢詩形の一つで４句からなり、「起承転結」の構成をとる。「次の漢詩では、最初に句を起こし、それを承けて続け、いったん転換させ、最後に結ぶという構造」である。

50) p.98

絶句　［杜甫］	（参考＜現代語訳＞）
江碧鳥愈白（起）	（川は青緑色、鳥はいっそう白く見える）
山青花欲然（承）	（山は青々と、花は燃えるように赤い）
今春看又過（転）	（今年の春もみるみるまた過ぎてしまう）
何日是帰年（結）	（いつになったら故郷に帰れるのだろう）

　この絶句は、「学術的論理の展開という視点から見た場合には、いくつかの問題点がある。まず、転句は、承句とはまったく関係がないから、学術的論理には不必要」であるとの考えである。

51) p.36

Tea Time⑦　パラグラフと起承転結

　英語のパラグラフは、ある意味において単純である。典型的な型に基づいて組み立てることによって文章を書くことで、英語のパラグラフ・ライティングの基本となる。

　パラグラフは論文の書き方・口頭でのプレゼンなど、あらゆる説明文に通じる。「最後まで読んでもらえるということが当たり前だとしないことが礼をわきまえた態度」でもある。「トップダウン的な伝え方は、読み手、聞き手を道に迷わせないためのリーダー／リスナーフレンドリーな伝え方」であり、これが「日本の伝統的な『起承転結』の構成法と根本的に異なるところ」であるといえる。

52) pp.3-19

Ⅱ　パラグラフによる英語・日本語の比較

　パラグラフで書かれた実際の英語・日本語の同じ内容の原典と翻訳本を比較してみることとする（章末資料参照）。両者は同じ内容の記事であることに着目し、比較しやすい。同じ記事について、英語版と日本語版、日本語版と英語版を並べて掲載する。

1　報告書・白書の日米同一文章の掲載

(1)　英語　➡　日本語

『2015 Economic Report of the President』
米国大統領経済報告　　　　　　　　　　　　　　　　18)

➡　『米国経済白書2015』
　　　　　　　　　　　　　　　　　　　　　　　　　19)

【資料1　（章末）参照】

(2)　日本語　➡　英語

日本語白書
・外務省『開発協力白書 日本の国際協力』(2018)　20)

➡　白書英語版
　・Ministry of Foreign Affairs『Japan's International Cooperation』
(2018)　　　　　　　　　　　　　　　　　　　　21)

【資料2　（章末）参照】

2　英語・日本語の比較

(1)　『2015 Economic Report of the President』（『米国経済白書』）英語版で気付いたこと。≪資料1≫

　　　約500頁余りの報告書内の400頁に11章あり、各章平均30頁分ほどの文章に番号がない。番号は、章、Chapterのみにある。章ごとの文章全体が、パラグラフとしての段落で構成されている。段落が多

用され、小見出しの文で区切られている。小見出しに番号はない。章ごとに結論文がある。

⑵　日本の白書『開発協力白書　日本の国際協力』日本語版で気付いたこと。≪資料２≫

　　目次から見ていくと、Ⅰ、1、⑴、アなどの番号を付し、日本発信の英語翻訳版でも、Ⅰ、1、⑴、Aを付している。改行一字下げのある、いわゆる段落としての書き方は、パラグラフとしてのフォームとなっていることが分かる。パラグラフとしての先頭行あたりにトピック文（主題文）として関連するキーワードが出てくることで理解できる。各段落の接続語も和文英訳として相応しい語が配置されている。このように各段落の文章構成はパラグラフフォームで組み立てられている。和文英訳をする際にも、パラグラフに合った書き方として、アカデミック・ライティングの書き方が求められている。英語版は、記事・写真が同じ頁・位置に収まっていて見やすく参考となる。記事の字数は文字のポイント数によって調整されている。

⑶　⑴⑵の本文全体の比較によって導き出される相違点、共通点
　・文中での引用個所部分には右上に小さい連番を付している。
　・図・表は、連番が付けられている。
　・世界のパラグラフの主流は、本文に番号の無い方式である。しかし、本文は項目立てがないために、主題文をある程度読まない限り分かりづらく、拾い読みしにくい。
　・日本語からの翻訳本には、大中小番号を付すことで、日本スタイルとして見て分かり易く、拾い読みできることとなる。しかし、英語からの和訳上、原典にない番号は勝手に付けられない。
　・日本語原典の白書には、対外国向け翻訳本にも日本式のように番号が付いている。

　日本の学会における論文は、各学会のフォームがあり、番号を付けることになる。また、段落としての構造の書き方は、パラグラフの型となることが分かる。

〔補足〕

• 実際の文章のパラグラフの例から、英文が原典である記事の文章内の番号は、章のみに付く。和文が原典である記事の文章内の番号は、章、節、項に付き小見出しが付く。

• その他に、新聞に目を向けると、社説をはじめ記事には大見出しのみが目に飛び込んでくる。あとは番号なしで改行するなどしたパラグラフとしての書き方が主流となっている。Ｙ新聞の日本語版と英語版でも比較ができる。

3　実際のパラグラフとしてのまとめ

　翻訳する場合、英語から日本語、または、日本語から英語、にと訳すことになるが、両者に共通していることは、段落としての書き方が一つのテーマについて書かれていることである。どちらもパラグラフの基本スタイルを踏襲して書かれている。『米国大統領経済報告』では、各章平均30頁ほどの文章に番号はない。そのため一見本文を全て読まないと理解しにくい文章であるように思われる。しかし、パラグラフの先頭行にある重要なキーワードが小見出しのような働きをもっている。一方で、日本『開発協力白書』は小分けに連番と小見出しがあり、拾い読みできる利点がある。ただ、そう感じるのは日本人だからかも知れない。基本語順の型や日本人としての学習習慣が異なるだけで、書き方のスタイルが全く異なったものになると感じる。最も重要なことは、段落ごとに一つのテーマについて、主題文、支持文、結論文として完結していることである。

　パラグラフとは一つのテーマについて書く、と記された本はいくつか

ある。しかし、一つのテーマで書く際に、何をどのように、どの程度連続して書くかまでを記述している日本の本は皆無に等しい。それよりもパラグラフの構造を十分に研究した日本の具体的な書籍は見当たらない。書く順序としては、大きなテーマを掲げ、次に中テーマに分解し、さらに、中テーマを小テーマに細分化することである。最後には結論文としてまとめることになる。さらに、詳細を述べたい場合には、段落を変えてテーマ名を変更することで、別のパラグラフとしてどのようにも段落の中身を変えられ、一層展開して書けることになる。

4　実際のパラグラフ 《資料編》

資料 1

| 英語 | ➡ | 日本語 |

『2015 Economic Report of the President』米国大統領経済報告　18) p.157　➡　『米国経済白書2015』　19) p.137

CHAPTER 4
THE ECONOMICS OF FAMILYFRIENDLY
WORKPLACE POLICIES

Women greatly increased their participation in the labor force beginning in the 20th century, marking the start of a fundamental change in our workforce and families. In 1920, only 24 percent of womenworked outside the home, a share that rose to 43 percent by 1970. Today the majority of women—57 percent—work outside the home.1 A similar pattern is seen in the participation rate of mothers with small children: 63 percent of whom currently work outside the home, compared to only 31 percent in 1970.2

（参考：この段落86語）

第4章
家族に優しい職場政策の経済学

女性は、20世紀初頭以降、労働参加を大きく増やし、米国の労働市場と家庭に根底から変化をもたらしてきた。1920年に女性のわずか24％が家庭の外で働くに過ぎなかったが、70年にはそのシェアは43％に上昇した。今日では、女性の半数以上−57％−が家庭の外で働いている。同様のパターンが小さな子どもをもつ母親の労働参加率においても見られ、70年のわずか31％に対して、現在では家庭の外で働くこのような母親の割合は63％である。
（参考：この段落199字）

日本語 → 英語

『2018年版 開発協力白書』 20) pp.iv-v → 『White Paper on Development Cooperation 2018』 21) pp.iv-v

---

日本の開発協力政策
－開発協力大綱－

　日本の開発協力政策は、開発協力大綱（2015年2月閣議決定）をその根幹としています。日本は、平和国家としての歩みを堅持しつつ、国際協調主義に基づく積極的平和主義の立場から、国際社会の平和と安定および繁栄の確保に一層積極的に貢献し、それを通じて日本の国益の確保を図ることを開発協力政策の基本としています。開発協力大綱は、こうした日本の基本的方針を明記した上で、その実現に向けた外交政策上の最も重要な手段の一つとして、これまで以上に政府開発援助（ODA）を戦略的かつ効果的に活用していくことを定めています。また、開発課題が多様化・複雑化し、国家のみならず民間企業やNGOをはじめとする様々な主体による開発協力が必要とされている中、ODA

Japan's Development Cooperation Policy
- Development Cooperation Charter –

　The foundation of Japan's development cooperation policy is the Development Cooperation Charter (decided by the Cabinet in February 2015). Japan defines its development cooperation policy as being based on: adhering to the course it has taken to date as a peace-loving nation, while contributing even more proactively to securing the peace, stability and prosperity of the international community from the perspective of "Proactive Contribution to Peace" based on the principle of international cooperation; and securing the national interests of Japan through this approach. The Charter sets forth these basic policies of Japan, and stipulates that Official Development Assistance (ODA) will be utilized ever more strategically and effectively as one of the most important foreign policy tools for realizing those policies. At a time when development issues are becoming more diverse and complex, requiring development cooperation not only by states but also by various actors including

private companies and NGOs, ODA must fulfill the role of catalyst for gathering these diverse forces.
(参考：この段落161語)

1. Basic policies of the development cooperation of Japan

The Charter identifies the following three basic policies of the Japan's development cooperation implemented for the aforementioned objectives.

(1) Contributing to peace and prosperity through cooperation for non-military purposes

Cooperation for non-military purposes is one of the most suitable modalities for international contribution for Japan as a peace-loving nation, and is an embodiment of the country's sincere aspirations for the peace and prosperity of the international community. Under this policy, Japan will continue to comply with the principle of avoiding any use of development cooperation for military purposes or for aggravation of international conflicts.

(2) Promoting human security

　　……………

(3) Cooperation aimed at self-reliant development through assistance for self-help efforts as well as dialogue and collaboration based on Japan's experience and expertise

　　……………

にはこうした多様な力を結集するための触媒としての役割も求められています。
(参考：この段落342字)

1. 日本の開発協力の基本方針

開発協力大綱においては上述のような目的のために行われる日本の開発協力の基本方針として以下の三つを掲げています。

(1) 非軍事的協力による平和と繁栄への貢献

非軍事的協力は平和国家としての日本に最もふさわしい国際貢献の一つであり、国際社会の平和と繁栄を誠実に希求するその在り方を体現するものです。日本は今後もこの方針の下、開発協力の軍事的用途および国際紛争助長への使用を回避する原則を遵守します。

(2) 人間の安全保障の推進

　　……………

(3) 自助努力支援と日本の経験と知見を踏まえた対話・協働による自立的発展に向けた協力

　　……………

Tea Time⑧　外国の論文

　日本の英文学者・言語学者が、「外国では、きわめて厳重である。パラグラフのない文章は文章と認められない」と、述べている。また、「外国の論文ががっちりした構成をしていることが多いのは、単位としてのパラグラフが堅固だからであろう」とまで具体的に述べている。大いに参考となる。

53) pp.59-60

第5章　引用・著作権法の理解

【キーワード】引用、著作権法、文化庁、公正な慣行、正当な範囲内、出所の明示、罰則、判決、明瞭区分性、主従関係

　大学において、卒業論文以上の学術論文を書くにあたっては、さらに細かな決まりごとである、引用に関する著作権法の基礎知識と、ポイントを絞った同法の高度な内容を知らなければならない。

　引用とは、論文内の自分の説のよりどころとして他の文章などを引くことである。この引用の方法が不適切な引用となる場合について解説しておかなければならない。また、引用に関する法的根拠、罰則などについても触れておくこととする。

　引用とは、「他人の著作を自己の作品のなかで紹介する行為」22) p.173をいい、これは著作権者の許可を得ずに行うことができるという規定が著作権法にはある。論文を書くにあたっては、引用が時には問題となることもあり、著作権法を理解する必要がある。論文書きの本の中で、関連知識として必要である著作権法の考え方まで併記している本は少ない。参考になれば幸いである。

Ⅰ　著作権法

　著作権法の概要を述べる。知的財産権の一つである著作権の範囲と内容に関して定める法律の中で、特に引用に関しての規定に着目する。

1　引用

　著作権法第32条引用については、「公表された著作物は、引用して利用することができる」と規定されている。この場合においては、「公正な慣行に合致」し、かつ、「正当な範囲内」と規定されている。

> 著作権法第32条
> （引用）
> 第三十二条　公表された著作物は、引用して利用することができる。この場合において、その引用は、公正な慣行に合致するものであり、かつ、報道、批評、研究その他の引用の目的上正当な範囲内で行なわれるものでなければならない。

　この解釈については、「文化庁、著作権Q＆A」23)　が参考となる。

> ＜Q＞
> 　引用が認められる条件として、「公正な慣行」や「正当な範囲」とは、具体的にはどのようなものですか。

> ＜A＞
> 　「引用」とは、自説を補強するために自分の論文の中に他人の文章を掲載しそれを解説する場合のことをいいますが、法律に定められた要件を満たしていれば著作権者の了解なしに利用することができます(第32条)。
> 　この法律の要件の中に、「公正な慣行に合致」や「引用の目的上正当な範囲内」のような要件がある　（中略）　基準が示されています。

2　出所の明示

　著作権法第48条出所の明示については、当該各号に規定する「著作物の出所を明示しなければならない」と規定されている。

　「著作権者の了解を得なくてもよい場合でも『出所の明示』の義務が課されるもの」24) p.127　である。

著作権法第48条
　（出所の明示）
第四十八条　次の各号に掲げる場合には、当該各号に規定する著作物の出所を、その複製又は利用の態様に応じ合理的と認められる方法及び程度により、明示しなければならない。
　（以下略）

この解釈についても、同様に参考となる。23）

＜Ｑ＞
　引用する場合、出所の明示はどのようにすればいいのでしょうか。

＜Ａ＞
　この法律の要件の１つに、引用される著作物の出所の明示（出典を明記すること　なおコピー以外の方法(例　講演の際に他人の文章を引用し口述）により引用する場合はその慣行があるとき）を義務付けています(第48条)。その方法は、それぞれのケースに応じて合理的と認められる方法・程度によって行われなければいけないとされていますが、引用部分を明確化するとともに、引用した著作物の題名、著作者名などが読者・視聴者等が容易に分かるようにする必要があると思われます。

　また、引用する場合には、利用の態様に応じ、合理的と認められる方法及び程度により、出所を明示しなければならない。さらに、『講演の中での引用は、（中略）誰の説によれば、と言う程度の引用で足りる場合が多い」25) p.404　とされている。

　さらに、罰則としては、第119条著作権侵害罪には懲役（十年以下）などが、第122条出所明示義務違反罪には罰金（五十万円以下）などの規定がある。

学問の世界では創造性や独創性が評価されるが、「自分の言葉が他者の言葉から区別されていないと、そもそも何が新しいのかを判断することもできません。（中略）自分が利用した他者の言葉に対してはつねに謙虚になり、敬意を払わなければなりません」26) p.1　著作物の原作者に対する礼儀を心得るべきである。

3　引用に関する判決

引用に関する判決について、引用の２要件（最高裁）及び正当な範囲内の引用の３要件（高裁）を参考として掲載する。

○最高裁判決（昭和55年3月28日第三小法廷判決）
　「引用とは、紹介、参照、論評その他の目的で自己の著作物中に他人の著作物の原則として一部を採録することをいうと解するのが相当であるから、右引用にあたるというためには、〔①〕引用を含む著作物を表現形式上、引用して利用する側の著作物と、引用されて利用される側の著作物を明瞭に区別して認識することができ、かつ、〔②〕右両著作物の間に前者が主、後者が従の関係があると認められる場合でなければならない」となっており、「「引用」の要件として①明瞭区分性と②主従関係を明示する」ことである。27) pp.138-139
○東京高裁判決（平成14年4月11日判決）
　「公表された著作物の全部又は一部を著作権者の許諾を得ることなく自己の著作物に含ませて利用するためには、当該利用が、①引用に当たること、②公正な慣行に合致するものであること、③報道、批判、研究その他の引用の目的上正当な範囲内で行われるものであること、の３要件を満たすことが必要」27) p.140　である。

　法律の要件である、「公正な慣行に合致」や「引用の目的上正当な範囲内」については、「最高裁判決（写真パロディ事件第１次上告審　昭和55.3.28）を含む多数の判例によって、実務的な判断基準が示されています。例えば、[1]主従関係：引用する側とされる側の双方は、質的量的に主従の関係であること　[2]明瞭区分性：両者が明確に区分されていること　[3]必然性：なぜ、それを引用しなければならないのかの必然性が該当」23）するとの解説がある。

◀ **Ⅱ　引用の方法**

　引用のポイントとなるキーワードをまとめると、「①明瞭区分性と主従関係、②公正な慣行、③報道、批評、研究その他の引用の目的上正当な範囲内」28) pp.180-188　となる。重要度から引用の適法性について簡単に説明する。また、引用の概説として、補強手段、引用文献リスト、著作物改変などにも触れる。

1　引用の適法性

　適法な引用の条件は、引用の対象が公表された著作物であること、引用の対象の出所を明示することである。

(1)　明瞭区分性－「引用した個所を明らかにすること（中略）他の著作に手を加えてはいけない、原文、原画のまま、そのままで引用しなければならないというのが、いわゆる「適法引用」」29) pp.18-19 となる。

(2)　主従関係－自分の著作と引用される著作の主従関係は、「量的関係だけでなく、著作物同士の質的関係にもあることが必要」29) p.18 である。また、「自説の補強に不可欠であり、必要最小限度であること（中略）自分の著作が主であって、引用される著作が従である」29) pp.18-27 と判断するほかない。

(3)　公正な慣行－引用の正当な範囲については漠然としており、十分に明確ではない。「『公正な慣行に合致』するためにはきちんと出典を示すことが絶対条件である。これを守れば、諸種のデータ、公刊された論文・著書の要旨などは自由に引用してよろしい」30) p.107 ということととなる。

　　公刊されるレポートを書く場合、著作権法第32条を改めて見直してほしい。

(4)　正当な範囲－「『正当な範囲』を越える場合には著作権者（および

儀礼として著作者）の許諾をえなければならない。また、図面、写真などを転載する場合には必ず著作権者の許可をえる必要がある」30）p.107　となっている。

2　引用の概説

　独創性のある研究は、先人の研究があってのことである。引用は自身の研究の補強手段であり、引用文献や引用箇所を明示する必要がある。また、インターネットからの引用、引用時の変形などもある。これらを全般的に概観する。

　⑴　＜オリジナリティ＞

　　独自の研究を行うにあたっては、先人の研究者の業績の土台があった上で視野が広がり、自身が明らかにしたい新たな研究が見えてくる。「研究や学問というものは、他人がすでに明らかにしてくれたことがらの莫大な蓄積の上に、ちょこっと、自分が明らかにしたことを付け加えることによって進んでいく。その『ちょこっと』が『オリジナリティ』と呼ばれるもの」31）p.239　である。独自の研究とは、先人の研究をステップとして利用することが根底にある。

　⑵　＜主役を支える補強手段＞

　　レポートや論文を学術的文章に昇華させるには、他人の手による文献や資料を引用することで、自分の研究の信頼性を担保（補強）することが不可欠となる。「引用とは他人の考えを借りて自らの記述を補強する手法」32）p.75　である。あくまで「文章の主役は書き手の考えであり、引用は主役を支えるもの」32）p.77　でなくてはならない。

　⑶　＜引用方法・引用文の記述＞

　　アカデミックな世界では、引用の方法や参考文献・引用文献の記載方法について厳格である。原文どおりに引用する場合には、「原文が短ければ、カギカッコ「　」でかこんで（中略）長い文章を引用

するときにはアタマを 1 字か 2 字下げて書き始める」30) p.104　ことになる。文章の中で引用部分を明示しなければならない。

(4)　＜引用文献の挙げ方＞

　引用を行うにあたっては、引用元が分かる書き方をすることになる。引用した箇所に誰の何という文献・資料によるものかを明らかにしなければならない。（7 章参照）

(5)　＜インターネット＞

　インターネットからの引用も、紙媒体の書籍や論文と同様に論文やレポートの情報源とすることができる。「出典（URL）を明記しなければならない点は、紙媒体からの引用の場合とまったく同じ」26) p.7　であるが、それとは異なった注意点もある。ウェブサイトの情報の信頼性である。権威ある団体・個人ウェブサイトの信頼性、また、最新情報であるかという点を疑うことが必要である。このため、ウェブサイトを閲覧した日付を記入する。

(6)　＜著作物改変＞

　著作権法第27条（翻訳権）に規定する態様で「著作物を改変したうえでの引用は、翻訳に限られている」28) p.180　また、第47条6第1項3号には、変形、翻案がある。これは大筋をまね、細かい点を変えて新しい形に作り直すことである。

(7)　＜読んだだけ＞

　研究を補強するための関連知識として、「ただ読んだだけで、引用してはいない論文に関しては、参考文献には載せません」33) p.111　また、他者のことばの言い換えとして表現する場合や、自分のことばで要約する場合には引用符をつける必要はないが、出典を明示する必要はある。また、「客観的な事実や一般常識となっている情報については出典を明示する必要はありません」26) p.6　となっている。

3　区別、出典、自分のことばで記述

　引用は行うべきことである。自分の考えだけでは不完全で裏付けが必要となる。その際には、自分のことばと他の人のことばを明確に区別し、出典を明らかにして、自分の議論があった上で引用することとなる。

　区別では、先行研究や資料から引用するときは、他の人のことばを「　」（引用符）を用いて引用した語句を囲み、他の人のことばと自分のことばをはっきりと区別しなければならない。

　出典では、引用における間接引用（要約引用）であっても、出典を明らかにして、文献・資料からの引用が明確になる記述をすることになる。その際、原文のままの引用ではなく、自分のことばで述べる場合、「必ずしも該当箇所を示さないこともあります」5）p.15　という説がある一方で、「他人の考えを自分の言葉で表現しなおすときにも出典をあげなければならない」6）p.10　との説もある。どちらにしても、一部を引用した場合は出典を明らかにする。引用を正確に行うためには、参照した資料の書誌要素を明示しなければならない。

　自分のことばで述べることがある。引用内容を自分のことばに置き換えて記述することである。意味を短くコンパクトに伝えるには、引用ではなく自分のことばで意味を変えずに書く必要がある。

　剽窃とは、引用において、「他の人の言葉を自分の言葉のように意図的に偽った場合、その行為は『剽窃』（盗用）と呼ばれます。これは研究倫理に反する行為」5）p.6　である。剽は、かすめる、奪い取る、の意味である。

　よく使われる単語やフレーズは、他の人のことばではないため、剽窃には該当しない。よく使われる単語やフレーズなどのキーワードを用いて自身のことばで言い換えられるようにすることが必要である。

4　引用文の量

　引用文は質的に付加的であり、量的に短くあるべきである。要旨の範

囲を超えた引用が「正当」と認められる範囲ははっきりとしないが、「引用文が400字以内、引用文が自分の書く全文の2割以内であることを一応の目安」30) p.107　として考えられる。

　形式として、「　」内の引用は「3行程度までを目安とします。それを超える量の引用は、本文との間を1行あけ、さらに引用部分を本文から2～3字分落として本文と区別するといった工夫が必要」32) p.77　である。ブロック引用とよばれる。

◀Ⅲ　引用と転載

　転載として既刊の印刷物の文章・写真などを他に移し載せるための引用と転載の法的位置付けは、著作権法の第32条（引用）と第48条（出所の明示）に基づく。また他の著作物の一部分を自由に掲載するためには、公表された著作物であること、公正な慣行に則ること、明瞭区分性が明らかであること、正当な範囲内であること、出所が明示されていること、といった条件を満たす必要がある。「例えば、他の著作物中の写真や図表を転載することは、通常、この引用の条件範囲を超えると考えられることが多いので、著作権者の許諾が必要」34) p.5　となる。

　本のコピーについては、「私的使用のためのコピーなら著作権侵害にはならない」35) p.101　とある。著作権の許可がなくとも例外規定には、私的使用がある。図書館でのコピーには制限があり、2分の1以下である。

◀Ⅳ　引用禁止

　引用禁止の記載については、「『禁引用』ないしは『禁転載』という記載がなされている例もあるが、そのような一方的表示は、契約関係にない一般の引用者に対して、法的には意味のない記載である。引用は、表

現の自由・学問の自由という観点から著作権法が認めている重要な権利制限であり、著作権者の一方的意思表示により引用を禁止することはできない」25)p.406 との見解もある。

V 国際法における著作権法関連

世界の国家間における権利・義務を取り決めた国際法における国際条約には、著作権法に関して、ベルヌ条約(1887)、万国著作権条約(1955)などがある。万国著作権条約では、目的として次のように記述され、保護の原則も示されている。

> 万国著作権条約第1条〔目的〕
> 各締約国は、文書、音楽的、演劇的及び映画的著作物、絵画、版画並びに彫刻のような文学的、学術的及び美術的著作物についての著作者及び著作権を有する他の者の権利の十分なかつ有効な保護を確保するため必要なすべての措置を執るものとする。

> 万国著作権条約第2条〔保護の原則〕
> 1 いずれかの締約国の国民の発行された著作物及びいずれかの締約国で最初に発行された著作物は、他のいずれの締約国においても、その締約国が自国で最初に発行された自国民の著作物に与えている保護と同一の保護を受けるものとする。

国際法では、海外の著作物も、国内の著作物と同じように、公表されているものは適法な引用ができる。これは、万国著作権条約によって、それぞれの国内法で保護するよう定められている。ベルヌ条約においても適法な引用は可であるとされている。

Tea Time⑨　論文被引用数

　研究活動の指標としての国別比較に、論文の被引用数（2021年末）がある。各年各分野（22分野）の高いものから並べて、上位10％（1％）に入る論文数がTop10％（Top1％）論文数であり、日本の論文数は第5位である。Top1％補正論文数（分野ごとに異なるための標準化）では中国が初めて米国を上回り、世界第1位となった。

　国の比較を行う場合、論文数や被引用数を総数のみで把握するのではなく、分野ごとの研究活動を把握することも重要である。（参考：クラリベイト社のデータを基に科学技術・学術政策研究所が集計）

54）p.128

Tea Time⑩　世界大学ランキング総合スコア2022

1位	オックスフォード大学	イギリス	95.7
2位	カリフォルニア工科大学	アメリカ	95.0
3位	ハーバード大学	アメリカ	95.0
4位	スタンフォード大学	アメリカ	94.9
5位	ケンブリッジ大学	イギリス	94.6
35位	東京大学	日本	76.0
61位	京都大学	日本	69.6

　世界大学の教育・研究を評価する指標である評価基準の5分野（評価割合）／「教育・学習環境（30％）、研究（30％）、論文の引用数（30％）、国際性（7.5％）、業界からの収入（2.5％）」

55）

ランキングは他にQS社などがある。

Tea Time⑪　ノーベル賞　地域別受賞者数（1901-2017）

	ヨーロッパ	北米	アジア	アフリカ	日本（米国籍取得者含む）	中南米	オセアニア（大洋州）	中東	計
生理学・医学	113	77	5	3	4	4	8	0	214
物理学	111	73	8	2	11	0	2	0	207
化学	99	57	3	3	7	1	3	5	178
平和	70	28	11	12	1	6	0	3	131
文学	79	11	4	6	2	9	0	3	114
経済学（1969-）	29	47	1	0	0	1	0	1	79
計	501	293	32	26	25	21	13	12	923
％	54.3	31.7	3.5	2.8	2.7	2.3	1.4	1.3	100

（著者集計）　　　　参考 56)

第6章　学術論文の実際

【キーワード】学術論文の構成、パラグラフの接続、接続語、論文投稿要項、学会名鑑

　論文の中でも権威ある論文は、学術論文である。研究論文をより良く構成するには、パラグラフ構造の主題文、支持文、結論文を接続すること、接続語は、段落内や次の段落との接続がスムーズにいくために用いる。

　論文の書き方の基本構成については、初級編で触れたものの、ここでは研究成果としての学術論文に関する構成についても書いてみたい。

I　学術論文としての書き方

　研究論文を学術論文として構成するための諸々について記すことにする。

1　論文の構成

　研究を進めていく上で、論文の構成として最低限必要なことは、①何のために行い、②解決すべき事柄は何か、③どのような手段で行うか、④その結果どうなったのか、⑤導き出される判断や意見は何か、⑥これからいえることは何か、などが考えられる。これらを整理して**論文の構成の流れを表現すると、目的、問題、方法、結果、考察、結論**、になるものと考えられる。

　参考までに、学会、大学の論文執筆要項を挙げる。なお、会員数の多い学会を参考にした。

⑴　心理学会／問題（序論）、方法、結果、考察、結論の各部分を含むことが望ましい。引用文献、図表、英文要約とキーワード

⑵　土木学会／目的、方法、結果と考察、結論のような順序で記述するとよいと考えられる。和文要旨（最初350字以内）、英文要旨（最後300ワード以内）

⑶　東京大学大学院／問題、方法、結果、考察、文献などの各部分から構成されることが望ましい。「『第1部理論、第2部調査』としたり、あるいは、研究Ⅰ，研究Ⅱなどの研究ごとに方法、結果、考察とまとめて書いてもかまわない。整理された形であれば、必ずしも構成の形式にこだわる必要はない」36）p.1　との記述がある。

　以上のような流れから、どのような研究においても「論文は、『序論』『本論』『結論』の3つの構成要素からなっているのが普通」4）p.67　である。その他に加えるものとして、章、節、項、注、付録、参考文献などがある。

2　学術情報の種類

　学術情報の種類を知ることで、情報収集に役立つことになる。このほか、様々な種類の情報がある。

⑴　雑誌　　／巻、号が付き、月刊、週刊などで刊行されている。

⑵　図書　　／テーマについてまとまった情報が得られる。

⑶　学位論文／学位を授与した大学などで保存されている。

⑷　新聞　　／全国紙、地方紙、業界紙などがある。

⑸　統計　　／行政機関、民間、研究者などによって実施されている。

⑹　テクニカル・レポート／技術情報、研究成果を公開している。

⑺　会議録　／学術会議での発表を発行したものがある。

3　資料の検索・入手

　論文を充実させるには、資料の検索方法を心得ておかなければならない。統計等のデータを入手するテクニックのいくつかを次に列挙する。「検索ツール」37) pp.88-96　としても活用できる（URL略）。

(1)　検索ツール
- 日本の統計
- 世界の統計
- 国際機関系／UN data
- 海外の公的機関系／FEDSTATS（米国版統計ポータル）
- 国立国会図書館のガイド／統計資料レファレンス・ガイド
- 官公庁・業界団体／政府統計の総合窓口
- 世論・意識調査／世論調査・特別世論調査（内閣府）
- 各種統計／日本統計年鑑
- インターネットデータベース（p.90参照）　など

(2)　資料の入手、論文検索
- 図書を手にする／図書館本棚の周囲には、思わぬ資料に出会うことがある。インターネットでも同様である。
- 雑誌論文を入手する／大学や公立図書館で閲覧できる。
- 他大学の図書館を利用する／他大学への紹介状を発行してもらう。
- 公共図書館を利用する／県立、府立、都立、市町村立などを活用する。
- 国立国会図書館を利用する／所蔵確認、閲覧する。
- 論文を検索する／データベースを活用する。

4　パラグラフの構造

　論文の書き方について重要となるパラグラフの構造は、主題文、支持文、情報、結論文となる。具体的には、主題文、支持文A、支持文B、支持文C、結論文、となる。支持文の内容には、詳細となる情報を入れる。

⑴　段落内を連続して書く

　　パラグラフは、日本語でいう意味段落と同じように見えるものの、パラグラフには構成の仕方にルールがあり、「筋道立てて伝えるという目的を達成するのに、理にかなった書き方」32) p.54　であり、伝えたいことを論理的に書くことができる。段落内の文章の構成は、連続して書く順として、主題文、支持文A、支持文B、支持文C、結論文、となる。一つの段落を一つのテーマでまとめることが基本である。

⑵　詳細情報を入れる

　　論文には書くための基本的な構造がある。パラグラフによって「論理的な文章を書くためのテクニック」38) p.007　を整理すると、支持文の下位に細分化した詳細情報を置く。詳細情報まで組み合わせて入れることで支持文となる。

＜パラグラフ／基本中の基本型＞

○主題文／結論が先にくる。一番大切なことは最初に書く。結論に
　　　　　等しい。具体性には欠けている。

○支持文（上位レベル）／主題文を支えるための支持文となる。具
　　　　　体的にどういうことかを後に述べる。

○詳細情報（下位レベル）／支持文（上位）に対し、下位レベルと
　　　　　して具体的例を挙げる。支持文に対する情報源となる。

○結論文／むすびとして全体をまとめる。

　　段落ごとの構造は、パラグラフの書き方となる。書き方は、一つのテーマについて、主題文、支持文、結論文の順番で書くことである。主題文において大切なことは、最初に主張（結論）を書くことである。具体性に欠けている内容で構わない。支持文は主題文を支える文であり、具体的な内容や根拠・理由を述べる。上位レベルの支持文に対し、細分化した詳細情報を入れることである。具体的例

を挙げる。支持文の情報源として位置付けられる。

(3)　日本語語順との違いを意識する

　　日本語で言えば、起承転結の結を先に述べることである。日本語文法における基本語順である、主語（S）目的語（O）動詞（V）の配列順序（SOV型）に対して英語などはＳＶＯ型など（p.40参照）である。参考までにSVO型語順は、「出現頻度も高く、また分布圏も強大で（中略）拡大する傾向」39) p.223　にある。そのため、文章では結論を先に書くＳＶＯ型でのパラグラフの書き方が分かりやすい。文法の型を越えてパラグラフとしての文章となるよう、分解・細分化して整理できるかが重要なカギである。

5　番号

　パラグラフには、必要に応じて番号を付けると見やすくなる。日本が発行する白書などには、番号を付した上で段落テーマ名を段落冒頭に項目として記入している例も多い。番号を付けることで必要な内容を瞬時に拾い読みすることができる。

- 章、節、項に序列を付ける　　／Ⅰ、1、(1)、A、a
- 段落や段落内に序列を付ける／算用数字で番号を付ける。
- 段落テーマ名を付ける　　　　／（　　）書きで注記する。

6　要旨の記入

- 要旨の下には、キーワード5つ程度を記入する。
- 論文の最初／和文要旨（350字以内）、キーワード5つ
- 論文の最後／英文要旨（300ワード（約800字）以内）、キーワード5つ

Ⅱ　パラグラフの接続

　パラグラフを論理的に書くには、接続語（接続詞）によって連結する

こと、主題文を支持文で支える形で連結すること、である。接続語には、ところで、なぜなら、そして、だから、このような、また、したがって、・・・などがある。接続語の役割で分類した表も参考となる。ここでは、パラグラフ内の文のつなぎことば、また、パラグラフ間の接続語などについて解説する。

1 接続語

　パラグラフを接続するには、段落の前後の関係を意識する必要がある。段落間の各テーマの因果関係として生ずる結果の関係については、縦方向の引継ぎ型、横方向の並列展開型がある。明確な縦と横の関係が、文章の論理性を高めることとなる。「パラグラフは、要約文を使って、縦なら引継ぎ型、横なら展開型のパターンで接続」14) p.132　することが大切である。パラグラフ内の文章やパラグラフ間文章を接続する場合の接続語についての日本語例、英語例を以下に挙げる。

＜接続詞＞日本語例　40) p.350

　接続詞が示す意味関係は、概ね次のように分類される。

・順接	だから、したがって、すると・・・
・逆説	しかし、だが、ところが・・・
・添加・累加	そして、ついで、そのうえ、また・・・
・対比・選択	あるいは、それとも、というより、そのかわり・・・
・転換	ところで、それでは、ともあれ・・・
・換言・説明	すなわち、つまり、例えば、要するに・・・
・補足	ただし、もっとも・・・

＜つなぎことば＞英語例　9）pp.89-92

・追加	and	in addition	also
・逆説	but	yet	however
・同様	likewise	also	
・条件	or	if	
・結論	in conclusion	in summary	
・結果	accordingly	as a result	
・言換え	in other words	that is	
・順序	first	second	next
・重要度	first	more important	

　接続するための語については、その場に相応しいことばを付け加えることである。

2　論文の文体

　論文で使われる決まり文句や動詞としての例を挙げる。41）p.30

- 「私は」　➡「本研究では」「本論文では」
- 箇条書き　➡「第1に」「第2に」
- 目的や結果➡「検証する」「実証する」「確証する」「検討する」「分析する」「解析する」「明らかにする」「定義する」「理論化された」
- 考察　　　➡「考察する」「推定する」「と考えられる」「と示唆される」「予測される」「予想される」「位置づけられよう」「解釈される」、などがある。

◀Ⅲ　文章の流れ

　論理的な文章とは、文の順序が理解しやすい配列で書かれている文章である。文と文とがつながる関係で書くためには、前後の文が、どのよ

うな関係になっているかを明確に示すことがポイントとなる。文と文との関係性の例を整理すると、概要は次のようになる。

文の前後関係の例　42) p.21

前　文	後　文
原因	結果
前提	帰結
問題提起	解答・結論
説明・解説	例示・解答
一般例	特殊例

Ⅳ　論文投稿要項

学術論文として関係学会などに投稿する場合の要項について、簡単に触れる。詳細は各学会の規定に従うことになる。

1　投稿要項

学会などの論文を提出する際の投稿要項を見てみることとする。結論からいえば、一つのテーマについて一つの段落に収めて書くことが基本である。段落をいくつか連ねて書く場合もあるが、段落に序列番号を付ける場合には、算用数字を用いる。さらに、段落内で序列を付ける場合には、(a)、(b)、(c)などのようにアルファベットを付け、改行せずに文章を続けて書くこととなる。詳細は、各学会の要項を参照する。

成果を国外向けに発信する場合は、最後に300ワード以内の英文要旨を付けることが義務となっている学会もある。英文要旨として、日本語800〜1000字程度となる量が必要となる。

2　学会の大分類

　学会名鑑が学会を分類している。人文・社会科学、生命科学、理学・工学となる。その中でも会員数の多い学会における論文執筆要項を参考として記すことにする。（URL参照）

■学会の大分類／学会、会員数（URL）（2018年）
1　人文・社会科学／日本心理学会　7,500名(https://psych.or.jp/)
2　生命科学／日本内科学会　105,000名(https://www.naika.or.jp/)
3　理学・工学／土木学会　40,000名(https://www.jsce.or.jp/)

V　読み手に対する意識

　論文では、読み手側による批判的な読み方を前提に文章を書く必要がある。読み手は論文を「系統立てた方法で検討し、その論文にとって欠くことのできない基本の要素を見つけ、評価の対象として判断」33) p.69している。評価をされていることについて意識する必要がある。

VI　学位取得までの流れ

　学位取得までの流れは、大学によって若干異なる。一般的な事務的手続きや心構えなどを述べることとする。「学位を取得するまでの大まかな流れは（中略）研究計画書の提出、博士論文中間発表、博士論文提出資格の取得、博士論文審査委員の決定、博士論文の提出、公聴会、学位授与資格有無の決定、学位授与」43) pp.83-84　となる。

　当然ながら、指導教官との普段からのコミュニケーションを図り、必要に応じて指導教官や教務担当に確認を取ることが大切である。執筆計画の日程の微調整は、途中で何度も行う必要がある。指導教官との人間関係が重要である。

Tea Time⑫ 　図書館学術論文データベース

《検索方法例》

1　東京都立中央図書館／「雑誌記事の調べ方」

　　（https://www.library.metro.tokyo.lg.jp/search/uploads/202105zashi.pdf）

　⑴　データベースや資料の紹介／雑誌記事検索（OPAC）、データベース
　　　検索（日経BP記事など）

　⑵　レファレンスサービス／来館、電話、メール

2　国立国会図書館／「記事・論文の探し方」

　　（https://rnavi.ndl.go.jp/research_guide/entry/post-605.php）

　⑴　データベース／オンラインなど

　⑵　インターネット／Cinii Articlesなど

　⑶　有料データベース／契約データベース各種

　⑷　博士論文／国内博士論文、海外博士論文（総論）

　⑸　新聞記事／国内新聞記事、海外新聞記事

3　国立教育政策研究所教育図書館

　　（https://nierlib.nier.go.jp/opac/opac_search/?lang=0）

　⑴　所蔵資料／教科書（江戸時代から現在まで所蔵）

　⑵　大学紀要・学会誌／書誌情報（データベースで検索可）

　⑶　国定教科書／明治36年以降からは、ネットで検索可

第7章　参考図書の記述

【キーワード】参考図書、書誌要素、出典、慣行

　論文を書く場合、参考図書の記述方法には、書籍・文献の目録としての書誌要素、出所である文献・書籍の出典情報などを明示することとなっている。大学や学会などでは、慣行として従来行われている。

　研究とは、自身の論文の新規性、独創性、信頼性の明確化にあることが土台になっていることは当然のことである。研究成果については、「先人・先輩の業績の上に発展させたもの（中略）その先輩達の業績を参考文献（引用文献）として示すことは、自らの成果を明確にするとともに、自身の研究基盤の提示、先輩達の成果への敬意を示すこと」34) p.3　にもなるといわれる。

　参考図書を記述する理由としては、①論文の新規性の明確化、②先行する著者に対する敬意、③出典の明示、④情報提供、がある。

　本文中で言及（引用）されているものを引用文献とし、また、本文中での言及（引用）はないが、参考にしたものを参考文献として使い分ける場合がある。

　本や学会雑誌などの最後には、参考図書が列挙されている。この参考図書の項目や並べ方などの書き方にはいくつか決まりがある。次に文献表記の方法について触れる。

◀ I 出典の明示

　論文を作成していく中で、引用する個所の明示が必要となる。参考図書の書き方例を示す。

1　引用文の記述

　(1)　著者年方式／引用文のすぐ後に著者と出版年などの簡単な情報を入れ、詳細な引用・参考図書と照応させる方法。

　(2)　脚注方式／著作年方式のほかに引用文に注釈番号を付け、その記述があるページの欄外に設けた注釈で詳細な書誌要素を入れる方法。

2　文献情報（書誌要素）

　文献情報には、以下の4種類がある。34) p.7

---

(1)　著者に関する書誌要素：著者名、編者名 等

(2)　標題に関する書誌要素：書名、誌名、論文標題 等

(3)　出版・物理的特徴に関する書誌要素：版表示、出版社、出版年、
　　　　巻・号・ページ、DOI 等 （DOI：電子データ識別子）

(4)　注記的な書誌要素　　：媒体表示、入手方法、入手日付 等

　これらの「書誌要素を原則的に、(1) → (2) → (3) → (4) の順に記述」34) p.7　することとなる。

◀ Ⅱ　文献表記の方法

本の執筆や論文の作成における出典としての文献情報の表記例を示す。

1　文献表記

文献を表記するにあたって最低限必要な情報は、「著者名、著書名（あるいは論文名）、発表年、出版元」32) pp.83-84　であり、表記の方法はさまざまである。

よく使われる表記法には、APA（アメリカ心理学会）方式、MLA（アメリカ現代語学文学協会）方式、SIST（科学技術情報流通技術基準）方式などがある。情報の並べ方、コンマ・ピリオドの使い方などに違いがある。例として3つの方式に準拠して表記すると、次のようになる。

英文にて表記する

＜APA＞（American Psychological Association） 　　　著者名（2022）.『・・タイトル・・』. 省三堂.
＜MLA＞（Modern Language Association） 　　　著者名.『・・タイトル・・』. 京東堂, 2022.
＜SIST＞（Standards for Information of Science and Technology） 　　　著者名. ・・タイトル・・. 波岩書店, 2022.

参考文献表記の書式は、提出先の大学や学会によってまちまちである。他にも、「Chicago ／様々な分野、ICMJE/Vancouver ／生物医学、ACS ／化学、IEEE ／工学」44) p.2　などの書式がある。

また、日本語の引用スタイルとして、次の書き方も参考となる。SIST02（科学技術情報流通技術基準）、などである。SIST と関連する ISO, JIS

／SIST02: 2007参照文献の書き方も参考となる。

2　インターネット情報の表記

　インターネット情報の表記では、筆者・編者名、書かれた年、タイトル、サイト名、URLといった基本情報に加え、改正が行われることから閲覧した日付も入れる。

　例／厚生労働省(2011).「平成○○年国民生活・・・」.『厚生労働省ホームページ』.＜http://www.・・・・＞○○年12月18日

Ⅲ　大学での表記例

　出典の表記方法は大学や学会の学問分野によっても異なる。また、引用した形跡を残すことが義務付けられていて、文中の該当箇所を「　」で明示し、巻末では、文献・資料のタイトルの表記をすることとなっている。書式については、各大学の指示に従うことになるが、参考までに表記例をいくつかあげる。

　記入例である。

1　A大学
　　＜文中＞　「・・・・・(引用個所)・・・・・」(『シティズンシップの政治
　　　　　　　学』p.○)
　　＜巻末＞　岡野矢代『シティズンシップの政治学』白澤社、2003年

2　B大学
　　＜文中＞　「・・・・・(引用個所)・・・・・」(舘2007、p.○)
　　＜巻末＞　舘昭(2007)『改めて「大学制度とは何か」を問う』東信堂
　　※文中では発行年を記入する。

3　C大学

　＜文中＞　「・・・・・（引用個所）・・・・・[1]」

　＜巻末＞　注1　播磨康泰『中国書道文化史概説』アートライフ社、
　　　　　　　　2015年、○頁（縦）

　※文中では右上に番号を付し、巻末にて詳細について触れる。

4　D大学

　＜文中＞　「・・・・・（引用箇所）・・・・・」

　＜巻末＞　URL

　　　　　　D大学ホームページ　http://www.・・・

　大学においては、参照した頁に至るまで文中または巻末の参考図書欄に記入するようになっている場合がある。また、論文の読み手である指導者が確認できるようになっている。書き方フォームについては、各大学の指示に従うことになる。

Ⅳ　学会誌での表記例

　学会誌執筆要項における引用・参考文献の表記についての書き方例をいくつか紹介する。学術誌の中の論文の場合は、著者名(出版年). 論文名. 雑誌名, 巻, 号, pp.始頁－終頁.となる。

　＜記入例＞

○日本数学教育学会誌

青山和裕(2013).「日本の統計教育における系統性構築に向けた検討と提案」.

日本数学教育学会誌『数学教育学論究』, 第 95 巻, pp.1-8

○日本物理学会

森　正武，『数値解析』（共立出版，1973）p.83

○日本心理学会

一般的な例

（著者名），（刊行年），（書籍名），（出版地：出版社）

Rosen, L. D., Cheever, N., & Carrier, L. M. (2015). The Wiley Blackwell handbook of psychology, technology and society. UK: Wiley.

　頁記入に当たって、引用が同一の書籍で複数個所ある場合は、国際表記例や大学表記例を参考にし、文献表記欄には頁の記入を控えることもある。その場合、本文中の引用部分に『・・・』○）p.○と、タイトル、連番、頁の表記があれば、文献表記欄に再掲しなくともよい。学会では、大学と同様で学会の指示に従うことになる。

　引用文献リストの作り方としては、図書、新聞記事、学術雑誌に掲載された論文、日本語の文献、団体等による報告などがある。以上の内容によっては、インターネット上の文献からの引用も可能である。文中での出典表記の方法については、論文の中で引用する場合、出典元を文の終わりに（　）で示す場合がある。このカッコ内の情報や順序、それに表記に関するルールについては、いくつかの方法がある。学術論文における引用の方法に関するルールは、研究分野によって異なるものの、「学会に提出される論文は、その学会が採用しているスタイル・マニュアルに従って書くのが普通」45）p.65　である。

参考図書・資料

1) 斉藤孝、西岡達裕『学術論文の技法　新訂版』（日本エディタースクール出版部、2006、p.v、pp.7-8）

2) Audrey J.Roth『THE RESEARCH PAPER form and content』（Wadsworth、1966、pp.8-10）

3) 川崎剛『社会科学系のための「優秀論文」作成術』（勁草書房、2010、p.i-ii）

4) 滝川好夫『学生・院生のためのレポート・論文の作成マニュアル』（税務経理協会、2011、p.2、pp.33-34、p.67）

5) 東京大学大学院教育学研究科『信頼される論文を書くために　第3版』（2017、p.6、p.15）
   http://www.p.u-tokyo.ac.jp/~edudaiga/sonota/manural_march2017.pdf

6) 東京大学工学部・大学院工学系研究科『科学研究における倫理　ガイドライン』（2010、p.6、p.10）
   https://opac.dl.itc.u-tokyo.ac.jp/opac/opac_link/bibid/2002900724

7) 中谷安男『大学生のためのアカデミック英文ライティング』（大修館書店、2016、p.iii、p.6、pp.90-91）

8) Alice Oshima, Ann Hozue『Writing ACADEMIC ENGLISH』（Longman、1998、p.102）

9) 井上逸兵『パラグラフは英語プレゼンの基本』（同学社、2020、p.1、pp.89-92）

10) 倉島保美『書く技術・伝える技術』（あさ出版、2019、pp.58-143）

11) 村越行雄『段落とパラグラフの構造と方法について』（跡見学園女子大学、2015、pp.1-3、p.5、p.11、p.25）
   https://ci.nii.ac.jp/nrid/9000014499551

12) 渡辺哲司『大学への文章学』（学術出版会、2013、p.135）

13) 日本経済団体連合会『高等教育に関するアンケート結果』（2018、p.2）
   https://www.keidanren.or.jp/policy/2018/029_honbun.pdf

14) 倉島保美『論理が伝わる世界標準の「書く技術」』（講談社、2012、p.45、p.132）

15) 石井一成『ゼロからわかる　大学生のためのレポート・論文の書き方』（ナツメ社、2011、p.132）

16) 橋内武『パラグラフ・ライティング入門』（研究社、1995、p.9）

17) ケリー伊藤『英語パラグラフ・ライティング講座』（研究社、2002、p.002、

pp.104-105）

18）the WHITE HOUSE『2015 Economic Report of the President』（p.157）
https://obamawhitehouse.archives.gov/sites/default/files/docs/2015_erp_chapter_4.pdf

19）萩原伸次郎監修・研究会訳『米国経済白書2015』（蒼天社、2015、p.137）

20）外務省『開発協力白書 日本の国際協力』（2018、pp.iv-v）『2018年版　開発協力白書』／『White Paper on Development Cooperation 2018』
https://www.mofa.go.jp/files/000554936.pdf

21）Ministry of Foreign Affairs『Japan's International Cooperation』（Ministry of Foreign Affairs、2018、pp.iv-v）

22）福井健策『改訂版　著作権とは何か　文化と創造のゆくえ』（集英社、2020、p.173）

23）文化庁『著作権Q＆A』
http://saiteiseido.bunka.go.jp/chosakuken_qa/

24）文化庁『著作権入門2019-2020』（著作権情報センター、2019、p.127）

25）中山信弘『著作権法第3版』（有斐閣、2020、pp.404-406）

26）東京大学大学院人文社会系研究科・文学部『言葉を大切にしよう』（東京大学、2013、pp.1-7）
http://www.l.u-tokyo.ac.jp/assets/files/student/kotoba.pdf

27）『別冊ジュリスト　著作権判例百選第6版』（有斐閣、2019、pp.138-140）

28）高林龍『標準　著作権法第4版』（有斐閣、2019、pp.180-188）

29）宮田昇『学術論文のための著作権Q＆A－著作権法に則った「論文作法」』（東海大学出版会、2008、pp.18-27）

30）木下是雄『レポートの組み立て方』（筑摩書房、2008、p.104、p.107）

31）戸田山和久『新版　論文の教室　レポートから卒論まで』（NHK出版、2012、p.239）

32）渡邊淳子『大学生のための　論文・レポートの論理的な書き方』（研究社、2015、p.54、pp.75-77、pp.83-84）

33）伊藤俊洋、伊藤佑子、黒澤麻美、吉田朱美『スタディスキルズ』（丸善、2007、p.69、p.111）

34）科学技術振興機構『参考文献の役割と書き方　科学技術情報流通技術基準（SIST）の活用』（2011、p.3、p.5、p.7）
https://jipsti.jst.go.jp/

35) 飯野たから、真田親義『著作権のことならこの一冊』（自由国民社、2015、p.101）

36) 東京大学大学院教育学研究科臨床心理学コース『修士論文執筆マニュアル』（2010、p.1）
https://www.p.u-tokyo.ac.jp/wp-content/uploads/2014/03/manual_rinshou.pdf

37) 市古みどり、上岡真紀子、保坂睦『資料検索入門』（慶應義塾大学出版、2014、pp.88-96）

38) 小河原誠『読み書きの技法』（筑摩書房、1996、p.007）

39) 松本克己『世界言語への視座』（三省堂、2007、pp.160-161）

40) 日本語文法学会『日本語文法事典』（大修館書店、2014、p.350）

41) 松井豊『心理学論文の書き方』（河出書房新社、2010、p.30）

42) 毛利美穂、中尾瑞樹『ベーシック日本語表現』（万葉書房、2011、p.21）

43) 大迫正弘、砂原美佳、關谷武司『プロジェクトとしての論文執筆』（関西学院大学出版会、2016、pp.83-84）

44) 東京大学本部情報基盤課『引用文献リストを作ってみよう』（2017、p.2）
https://www.lib.u-tokyo.ac.jp/ja/library/literacy/user-guide/campus/report#articleknow2

45) 一橋大学英語科『英語アカデミック・ライティングの基礎』（研究社、2015、p.65）

46) 安嶋彌『教育勅語から教育基本法』（国立教育政策研究所紀要第143号、2014）

47) 『公用文改善の趣旨徹底について（依命通知）』（内閣閣甲第16号、1952）

48) 海後宗臣、仲新『日本教科書大系近代編第一巻』（講談社、1964、pp.1-6）

49) 山縣悌三郎『高等読本一』（文学社、1893、pp.6-7）

50) 森山卓郎『日本語の＜書き＞方』（岩波書店、2013、p.98）

51) 近江幸治『学術論文の作法』（成文堂、2022、p.36）

52) 井上逸平『もっともシンプルな英語ライティング講義』（慶應義塾大学出版会、2022、pp.3-19）

53) 外山滋比古『文章力かくチカラ』（展望社、2010、pp.59-60）

54) 科学技術・学術政策研究所『科学技術指標2022』（2022、p.128）
https://www.nistep.go.jp/research/science-and-technology-indicators-and-scientometrics/indicators

55) 『THE World University Rankings 2022』（イギリスの高等教育専門誌）
https://www.timeshighereducation.com/world-university-rankings

56) 日本放送協会『まるわかりノーベル賞』（2018）
https://www3.nhk.or.jp/news/special/nobelprize/2018/table.html

【小論文演習】／タイトル〔 　　　　　　　　　　　　　　　　　　　　〕

《パラグラフの項目》を立てる　➡　《パラグラフの文章》をつくる

（序論）
○主題文 A　／
○支持文 A1／
情報 a1　／
情報 a2　／
○支持文 A2／
情報 a3　／
情報 a4　／
○結論文 A　／

（本論 1 ）
○主題文 B　／
○支持文 B1／
情報 b1　／
情報 b2　／
○支持文 B2／
情報 b3　／
情報 b4　／
○結論文 B　／

（本論 2 ）
○主題文 C　／
○支持文 C1／
情報 c1　／
情報 c2　／
○支持文 C2／
情報 c3　／
情報 c4　／
○結論文 C　／

（結論）
○主題文 D　／
○支持文 D1／
情報 d1　／
情報 d2　／
○支持文 D2／
情報 d3　／
情報 d4　／
○結論文 D　／

あとがき

（全体）

　学術論文を中心に書くためのポイントである、パラグラフ、引用、著作権法に関する重要な点を押さえて解説してきた。論文書きについては、今や世界標準になりつつある言語技術による論文の書き方をマスターすることによって、説明する力、書く力を一層高める表現法を身に付けることができる。この書き方が、説明的なプレゼンテーションとして効果を発揮することになる。

（本書の成果）

　本書の成果は、①パラグラフ構造を図解したこと、②段落内での階層の分解と房状の細分化を定義したこと、③論文教育として、パラグラフ構造による論理的な段落づくりの教育が急務であると提唱したこと、④小論文・学術論文の構造は同じであり、高校から大学へと論文の書き方は継続できると解説したこと、⑤パラグラフの項目を立てれば、論理的な文章化は容易にできること、などである。

（パラグラフ構造による段落）

　パラグラフ構造による段落とは、主題文の概要に続き、支持文を中心に展開して書き、結論文でまとめて連続にした文章である。支持文の内容は、①テーマに沿ったキーワードと関連する詳細情報の項目を立てること、②大きさ（大から小）、時間（前から後）などと細分化すること、③連続して文章をつなげること、が柱となる。

（学術論文・小論文）

　本書で力を入れた点は、①＜パラグラフについて＞段落の構造を詳細に述べ、国際的言語技術に対応できるようにしたこと、②＜著作権法について＞引用について、出典に関する参考図書を明示し、著作権法に対応できるようにしたこと、③＜参考図書の記述について＞正規な書き方の例を示したこと、などとなる。

（大学・高校での活用）

　大学での学術論文から入る人にとっては、必須の内容で参考になることが多い。とはいえ、一般的な文章を論文調に仕立てるには、短時間に言いたいことをまとめ、読み手に段階を追って負担なく分かりやすく伝えていくことが必要である。論文書きのパラグラフの構造で骨子となる段落づくりを一つのテーマで組立てることは、学術論文を書く際に必須となる。このため、高校の段階から大学や社会で小論文を意識した書き方を身に付けることによって、小論文から学術論文へと発展し、論理的な文章が書けるようになる。

（学問に対する姿勢）

　大学では、指導者から研究する方法について多くを受身で教わるわけではない。好きな分野について自己流でかつ独力で学び続けることこそが、学問を行う基本姿勢である。論文書きを含めて学問を行うこととは、指導者からの対面での教えの機会が少なくとも、本などを通し著者である師の指導を受け独学で学び続けることである。師とは、教員との対面や名著の双方から色々な場面で出会えるものである。この出会いにより、独力で学問を体系的に身に付けられるようになる。

（最後に）

　最後に、本書での論文書きの手法を活用することで、あらゆる場面で課題を発見・解決でき、発信できるようになる。これらの役立つ能力を備えることで、より豊かな人生を送ることにつながるものと信じている。

著者

索　引（主な頁）

【た】行

【な】行

【は】行

【ま】行

著者紹介

最上心瑛（もがみ・しんえい）

《最終学歴》　慶應義塾大学法学部卒業
　　　　　　　他大学／工学部卒業、大学院聴講生、文学部科目等履修生
《教員免許》　高等学校（専修工業、数学、公民、書道）など
《職　　歴》　高等学校教諭、指導主事、専攻科（短大同等）主任など
《著　　書》　『能力を最大限に発揮できる　独学による論文の書き方』
　　　　　　　（ブイツーソリューション、2020）

論文・小論文の書き方
パラグラフ構造による論理的な段落づくり
2023年3月25日　初版第1刷発行

著　者　最上心瑛
発行者　谷村勇輔
発行所　ブイツーソリューション
　　　　〒466-0848 名古屋市昭和区長戸町4-40
　　　　TEL：052-799-7391 / FAX：052-799-7984
発売元　星雲社（共同出版社・流通責任出版社）
　　　　〒112-0005 東京都文京区水道1-3-30
　　　　TEL：03-3868-3275 / FAX：03-3868-6588
印刷所　藤原印刷